Perspectivas da avaliação institucional da escola

Rua Frei Luís, 100
25689-900 Petrópolis, RJ
Internet: http://www.vozes.com.br
Brasil

Editoração: Dora Beatriz V. Noronha
Projeto gráfico: Sheilandre Desenv. Gráfico
Capa: WM design

ISBN 978-85-326-4291-2

Este livro foi composto e impresso pela Editora Vozes Ltda.

"Conhece-te a ti mesmo e conhecerás o universo e os deuses."

"A vida sem reflexão não vale a pena ser vivida."

"O verdadeiro conhecimento vem de dentro."

Sócrates

O importante da avaliação não é a evidência e sim o uso que se faz dela e esse uso depende da clareza de seus objetivos e de sua realização.

Dedicatória

A série Cadernos de Gestão é dedicada a um conjunto bastante grande de pessoas com as quais tenho tido a oportunidade e o privilégio de me relacionar e conviver, e que, por sua dedicação ao trabalho em prol da educação, e a vontade de continuar aprendendo para aprimorar sua atuação profissional, têm me estimulado a continuar escrevendo e divulgando ideias relacionadas ao trabalho educacional, em especial sobre sua gestão:

- A gestores de estabelecimentos de ensino brasileiros que acreditam na importância da escola para a formação de nossas crianças, jovens e adultos, bem como na importância de seu papel para promover essa formação com qualidade. A partir dessa crença, vêm exercendo uma competente liderança, voltada para a formação de comunidades escolares coesas, e comprometidas com a promoção de educação de qualidade. Da mesma forma, a partir dessa atuação, ao mesmo tempo, tanto pelo que ensinam, como pelo que demonstram, seus alunos aprendem a se tornar cidadãos capazes e atuantes, e a viver vidas mais satisfatórias e realizadas. Fazem-no, mediante o esforço pelo desenvolvimento de diversos fatores, como por exemplo: a) uma cultura organizacional escolar caracterizada pela participação e envolvimento de todos, de forma colaborativa, na superação das naturais dificuldades do processo educacional e seus desafios; b) competência pedagógica orientada para a gestão de processos sociais de aprendizagem significativa; c) unidade e direcionamento proativo no enfrentamento dos desafios educacionais; d) mobilização e coordenação de competências e energias com foco na criação de ambientes escolares salutares do ponto de vista humano, social e educacional.

- Aos coordenadores nas Secretarias Estaduais de Educação, do Prêmio Nacional de Referência em Gestão Escolar, um projeto do Consed, em parceria com a Undime, Unesco e Fundação Roberto Marinho, que assumem esse encargo extra em seu trabalho de gestão, para disseminar pelas escolas a prática de autoavaliação como condição de melhoria de seu desempenho. Por sua atuação comprometida, têm contribuído para criar a necessária cultura da autoavaliação em nossas escolas, fundamental para o estabelecimento de ações focadas na melhoria contínua dos processos educacionais pelos quais são responsáveis. Dentre eles destaco Rosilda Shockness, do Estado de Rondônia, que tem mobilizado, proporcionalmente ao tamanho de sua rede de ensino, o maior contingente de escolas que realizam autoavaliações, pelo que, em 2009, foi reconhecida pelo Consed.

- Aos gestores escolares que lideram em suas escolas a realização de um movimento de autoavaliação de seus processos de gestão escolar e se inscrevem no Prêmio Nacional de Referência Escolar, desse modo contribuindo para o reforço e a melhoria dessas práticas de gestão e disseminação de boas práticas e referências positivas. Sobretudo, empenhando-se, pela autoavaliação, com foco na construção de ambientes e experiências escolares mais efetivas para a estimulação, orientação e promoção da aprendizagem e formação de todos os seus alunos.

- A todos aqueles profissionais que voluntariamente atuam como avaliadores dos comitês locais, regionais, estaduais e nacional de avaliação dos dossiês apresentados pelas escolas. Sua contribuição na realização da avaliação desses dossiês para a escolha das melhores experiências de gestão é certamente um estímulo de grande relevância no esforço de disseminação de cultura de autoavaliação pelas escolas e disseminação de boas práticas.

Em especial, é dedicado aos inúmeros profissionais da educação que têm lido meus artigos esparsos e manifestado, quando nos encontramos nos mais diversos eventos, seminários e cursos de educação, sua satisfação em tê-los lido e deles terem tirado alguma inspiração para orientar novos esforços pela melhoria da educação em sua atuação. Suas manifestações revelam seu entusiasmo por estudar, refletir sobre o seu trabalho e buscar construir estratégias e formas para a sua melhor atuação, atitudes que têm me estimulado a fazer o mesmo. Por seu olhar crítico e qualificado é que dão sentido e vida aos conteúdos apresentados. Essa sua atitude compartilhada comigo é, por certo, uma grande alegria para mim e motivação crescente para continuar me dedicando a este trabalho de estudar, observar, refletir, registrar e sistematizar ideias que reúno de quando em vez em um artigo ou livro.

Heloísa Lück
Cedhap – Centro de Desenvolvimento Humano Aplicado
Cedhap@cedhap.com.br
Fone e fax: (41) 3336 4242

Sumário

Apresentação dos Cadernos de Gestão

O que são gestão educacional e gestão escolar? Qual a relação entre gestão e administração? Qual a natureza do processo de gestão? Quais seus desdobramentos, dimensões e estratégias na escola? Quais as peculiaridades da gestão democrática participativa? Quais as suas demandas sobre o trabalho dos gestores escolares? Quem são esses gestores? Que desafios são enfrentados pelos gestores em educação? Que ações de liderança são necessárias no trabalho de gestão? Quais as dimensões da gestão educacional? Como planejar, organizar e ativar estrategicamente o trabalho da escola? Como avaliar o trabalho da gestão escolar e a atuação da escola? Que aspectos interferem na gestão escolar e como podem ser trabalhados?

Estas são algumas questões que os Cadernos de Gestão abordam, com o objetivo de contribuir para que diretores, supervisores, coordenadores e orientadores educacionais reflitam sobre as bases da gestão, para o norteamento do seu trabalho, de forma conjunta e integrada. Também para que profissionais responsáveis pela gestão de sistemas de ensino compreendam os processos da escola e do efeito do seu próprio trabalho sobre a dinâmica dos estabelecimentos de ensino e seus resultados. Da mesma forma, constituem uma contribuição para que professores se familiarizem com concepções e processos de gestão, como condição para que, como membros da escola, participem de forma efetiva do processo de planejamento e implementação integrada e participativa do projeto pedagógico e de sua gestão.

Os Cadernos de Gestão integram, em vários volumes, questões específicas de gestão, procurando contribuir para: a) a iniciação, nessas questões, de alunos de cursos de Formação para o Magistério e de Pedagogia; b) a integração entre reflexão e ação por profissionais que atuam em âmbito de gestão educacional e escolar; c) o estudo crítico por alunos de cursos de pós-graduação com foco em gestão educacional e gestão escolar, a respeito dos vários fundamentos e desdobramentos dessas áreas de atuação; d) a identificação, entre pesquisadores, de elementos e aspectos de gestão, que estimulem a reflexão e sirvam como objeto na formulação de questões de investigação na área.

Os Cadernos de Gestão são, portanto, de interesse de profissionais que atuam em gestão escolar (diretores, vice-diretores, diretores auxiliares ou adjuntos supervisores, coordenadores e orientadores educacionais), assim como aqueles que são responsáveis, no âmbito macro, pela gestão de sistemas de ensino, e orientação desse trabalho, a partir de Núcleos, Diretorias Regionais, Superintendências, Departamentos, Divisões de Gestão Educacional ou órgãos de responsabilidade semelhante. Os acadêmicos de cursos de Pedagogia e de Pós-graduação que tratam sobre a gestão escolar e gestão educacional encontrarão nele referências que procuram integrar questões práticas e teóricas, de modo a oferecer-lhes bases para a reflexão sobre fundamentos, princípios, práticas e conceitos dessa área, apresentados com o objetivo de iluminar e dar consistência às ações educacionais.

Espera-se, com essa sistematização de material produzido pela autora, a partir de sua experiência como profissional de vários níveis do ensino, consultora de sistemas de ensino e docente em cursos de capacitação de gestores educacionais de vários níveis, e como gestora de sistema de ensino e de instituições educacionais, contribuir para a reflexão sobre as questões propostas. Espera-se, em última instância, a partir dessa reflexão, contribuir para o estabelecimento de ações de gestão mais consistentes e orientadas para a efetivação de resultados educacionais mais positivos, tendo como foco a aprendizagem dos alunos e sua formação.

Ressalta-se que a gestão educacional, realizada em caráter amplo e abrangente do sistema de ensino, e a gestão escolar, referente à escola, constituem-se em áreas estruturantes da ação educacional, na determinação da dinâmica e da qualidade do ensino. Isso porque é pela gestão que se estabelecem unidade, direcionamento, ímpeto, consistência e coerência à ação educacional, a partir do paradigma, ideário e estratégias adotados para tanto. Porém, é importante ter em mente que a gestão é uma área meio, e não um fim em si mesmo. Em vista disso, é sempre relevante destacar que o necessário reforço que se dá à gestão visa, em última instância, à melhoria das ações e processos educacionais, voltados para a melhoria da aprendizagem dos alunos e sua formação, sem o que aquela gestão se desqualifica e perde a razão de ser. Em suma, aperfeiçoa-se e qualifica-se a gestão para maximizar as oportunidades de formação e aprendizagem dos alunos. A boa gestão é, pois, identificada, em última instância, por esses resultados e não apenas pela satisfação que a gestão ou os resultados possam produzir destituída de resultados transformadores.

Com essas questões em mente, a proposta dos Cadernos de Gestão é a de cobrir aspectos fundamentais e básicos da gestão em educação com o objetivo de contribuir para que se possam vislumbrar os seus processos em sua abrangência e também em sua especificidade e, dessa forma, estimular e nortear a reflexão sobre a gestão educacional como ação objetiva e concreta, abrangente e interativa, orientada para resultados educacionais.

Para o momento são destacados 13 assuntos para compor a Série Cadernos de Gestão, dos quais já foram publicados *Gestão educacional: uma questão paradigmática* (Vol. I), *Concepções e processos democráticos de gestão educacional* (Vol. II) e *A gestão participativa na escola* (Vol. III). *Liderança em gestão escolar* (Vol. IV). *Gestão da cultura e do clima organizacional da escola* (Vol. V) A lista de assuntos está vinculada aos desdobramentos das múltiplas dimensões da gestão educacional, de acordo com os interesses gerados para o seu aprofundamento.

Heloísa Lück
Cedhap – Centro de Desenvolvimento Humano Aplicado
cedhap@cedhap.com.br

Apresentação deste volume

A demanda pela melhoria da qualidade de quaisquer organizações, produtos e serviços constitui-se em resultado de amadurecimento das sociedades, que se tornam cada vez mais complexas e mais sofisticadas. Diante desse amadurecimento, nessa sociedade passa-se a examinar e exigir que sejam atendidos determinados padrões e critérios de qualidade no atendimento de suas necessidades deixando-se de manter as organizações inadequadas e incompetentes em realizar seus objetivos, de comprar os produtos de má qualidade e de receber acriticamente serviços prestados.

A busca pela qualidade se constitui, pois, em expressão e condição de desenvolvimento e manifestação de amadurecimento de uma sociedade ou organização, e em natural tendência das pessoas e do processo humano e social. Nessas condições, todas as pessoas e todas as organizações, quando bem orientadas, envolvem-se em seu processo, desfrutando de seus benefícios e para eles contribuindo.

Nessa tendência, situam-se os profissionais da educação, a escola e a sua comunidade, numa perspectiva de educação orientada para a promoção do desenvolvimento humano com qualidade, segundo o entendimento de que é fundamental não apenas que os alunos usufruam de certo número de anos de vivência nas escolas, mas, acima de tudo, que essa escolaridade resulte no desenvolvimento de sólidas e abrangentes competências que os tornem capazes de atuar de forma segura, hábil, bem informada e qualificada na sociedade.

Verifica-se que na sociedade da informação e do conhecimento a exigência e a necessidade da formação contínua e competente das pessoas são crescentes, em vista do que não é mais suficiente e nem adequado que a escola ensine bem o que sempre ensinou. Ela precisa rever e melhorar continuamente o seu currículo, os seus processos educacionais e a forma como se organiza e funciona para oferecer esse trabalho a seus alunos, em acordo com as demandas complexas que vão enfrentar na sociedade. Para tanto, cabe-lhe examinar, continuamente, esse trabalho organizado em torno do Projeto Político Pedagógico da escola e a sua implementação, à luz do desenvolvimento da sociedade nos seus mais variados aspectos e contextos, que constituem uma realidade dinâmica e mutável em que o aluno se situa, convive e atua como cidadão, com responsabilidades típicas a cada estágio e papel que exerça.

Segundo esse contexto, pergunta-se, pois, como uma escola, a fim de atender a essa demanda, pode realizar a sua melhoria contínua, enquanto atua para promover a formação e aprendizagem de seus alunos? Como pode orientar o seu trabalho de maneira a alcançar estágios cada vez mais efetivos de atuação? Como pode superar suas limitações e maximizar suas potencialidades? Como pode tomar decisões bem informadas, superando as visões genéricas baseadas em opiniões e impressões muitas vezes tendenciosas e limitadas?

Há múltiplas possibilidades e caminhos para fazê-lo. No entanto, nenhum deles pode ser efetivo, por melhor que seja, caso não seja percorrido tendo como componente processos de avaliação sistemática, crítica e reflexiva que atuem como substratos, como elementos inerentes à caminhada objetiva, propositiva e determinada a promover os melhores resultados e a construir os significados mais positivos no processo educacional.

Constituindo-se em uma estratégia fundamental de gestão, a avaliação atende a um conjunto de necessidades dessa função para o desenvolvimento e melhoria contínua da escola e de seus processos educacionais. Dessa forma, não é possível imaginar que o trabalho educacional possa ser realizado sem estar associado a processos de avaliação que envolvam, por exemplo, ações orientadas para:

- Verificar em que medida os resultados propostos pela escola estão sendo obtidos e quais são as áreas e condições em que são registradas maiores dificuldades ou facilidades em fazê-lo, de modo a reforçar os aspectos positivos e rever as condições de limitações e dificuldades.

• Tomar decisões bem informadas e objetivas sobre a manutenção ou revisão de ações e processos realizados, superando a tomada de decisões orientada por impressões e opiniões baseadas em subjetividades e opiniões formadas a esmo e orientadas pelo senso comum.

• Prestar contas, de maneira clara e transparente, aos pais, à comunidade, à sociedade e a mantenedores, a respeito de como a escola atua e como realiza os seus objetivos sociais, condição pela qual demonstra sua responsabilidade social e a compartilha com a sociedade.

• Criar uma cultura caracterizada pela ação-observação-registro-reflexão-reorganização fundamentada pelo espírito de pesquisa-ação aplicado a suas práticas.

Tendo em vista a importância desses aspectos, a avaliação passa a ser objeto de atenção especial por todos quantos se dedicam a promover educação de qualidade, e passa também a ser reforçada largamente em todos os sistemas de ensino, juntamente com o reforço à melhoria da sua gestão. Como resultado, têm sido promovidos e implementados vários mecanismos de avaliação na educação, tendo como foco o desempenho das escolas e seu rendimento. Essas avaliações estão consolidadas em vários programas realizados em âmbito federal, estadual e municipal. Estes se constituem em avaliações externas e padronizadas da escola, como estratégia de gestão de sistema que demanda dados agregados em indicadores, os quais são limitados para conhecer os processos com o objetivo de promover localmente a melhoria dos processos educacionais e a promoção da aprendizagem dos alunos (cf. Anexo 1).

A avaliação do ensino pode ser realizada mediante heteroavaliação, isto é, por elementos externos ao sistema e à escola, como é o caso do Saeb (Sistema de Avaliação da Educação Básica, do Prova Brasil e do Enem (Exame Nacional do Ensino Médio). Também pode ser realizada pela própria escola, constituindo-se, nesse caso, em autoavaliação. O Prêmio Gestão Escolar, promovido pelo Consed (cf. Anexo 2), demanda que a escola realize, na primeira fase do processo avaliativo, atividade de autoavaliação colegiada e participativa, podendo as escolas se submeter, a seu critério, a um posterior processo de heteroavaliação, ao enviarem seus dossiês de autoavaliação para os comitês estaduais do prêmio, submetendo-se, dessa forma, à heteroavaliação por um comitê externo.

Este livro enfoca e apresenta questões básicas da avaliação institucional da escola, como processo de autoavaliação, considerando que ao estabelecimento de ensino e sua equipe de gestão cabe tomar iniciativa em desenvolver processo próprio de verificação e entendimento de sua efetividade. Baseia-se na consideração de que a autoavaliação é condição fundamental para o desenvolvimento institucional escolar e melhoria da qualidade do seu trabalho. Não descarta, porém, a importância da avaliação externa ou heteroavaliação, integrando avaliações pelo sistema de ensino do qual a escola faz parte.

Propõe-se a realização de avaliação institucional da escola, que passa pela observação, análise e interpretação do que acontece em seu ambiente, de modo a se dimensionar os múltiplos fatores internos e contextuais interferentes na produção da qualidade do ensino, além de seus processos e sua capacidade de realizar os objetivos educacionais de formação e aprendizagem dos alunos. A avaliação institucional da escola, sob essa perspectiva, permite ter uma visão ampla, relacional e interativa do desempenho da escola, de modo a se poder realizar qualquer inferência adequada a respeito de sua efetividade e como melhorá-la.

É reconhecido que, sem avaliação, não há condições para promover a melhoria de gestão e qualidade do ensino, e que esse processo é inerente e indissociável à gestão. Isso porque a avaliação atende aos interesses e objetivos da gestão por contribuir mediante processo organizado, para rever práticas e direcioná-las para a melhoria da qualidade, atendendo os princípios de abrangência e enfoque interativo.

Há múltiplas abrangências, focos e enfoques da avaliação educacional. Dentre elas, ressalta-se que a avaliação institucional é uma estratégia fundamental e imprescindível para a melhoria da qualidade de ensino pretendida, uma vez que, por sua natureza, abrange todas as dimensões de atuação da escola e interação entre elas, com foco na formação e aprendizagem dos alunos, tanto no momento presente como evolutivamente. Dessa forma, permite compreender, no próprio contexto em que se dá a aprendizagem, qual a relação direta e indireta dos resultados das ações educacionais: quais as que são efetivas, que devem ser preservadas e desenvolvidas; quais as que devem ser substituídas ou eliminadas por falta de efetividade; e quais as que precisam ser reajustadas por serem promissoras, porém que ainda não são plenamente efetivas. Também ajuda a identificar omissões e lacunas nas ações educacionais.

No entanto, é necessário refletir sobre as implicações do entendimento que se tenha sobre o próprio processo de avaliação, a fim de que não se embarque no mesmo de modo aligeirado e meramente operativo, sem o necessário entendimento das implicações dessa prática. Isso porque sabemos que, a exemplo do que tem sido feito com boas estratégias promovidas sem a necessária compreensão de suas implicações e pressupostos de ação, pode-se promover mais problemas do que soluções, ao mesmo tempo em que se promove a depreciação do valor dessas práticas.

A partir desse entendimento, este trabalho tem por objetivo contribuir para que gestores e educadores possam promover em suas escolas o desenvolvimento de programa de avaliação institucional pelo qual impulsionem a melhoria contínua de seus processos educacionais. Para tanto, aborda aspectos que lhes permitam:

1) Compreender a importância, o significado, os objetivos e a abrangência da avaliação institucional da escola.

2) Reconhecer a importância da avaliação institucional como ferramenta de gestão.

3) Aprofundar perspectivas e diretrizes de uma política de desenvolvimento da qualidade de ensino nas escolas, a partir da avaliação institucional.

4) Compreender a perspectiva sistêmica da avaliação institucional escolar.

> "A autoavaliação de nossa escola nos permitiu refletir sobre a nossa prática escolar, e o aprendizado decorrente das discussões fez-nos sentir mais fortes, embora conscientes do muito que precisamos caminhar. Percebemos que as nossas metas para o ano corrente e os anos vindouros serão mais consistentes, por percebermos mais claramente o foco que deverá ser evidenciado em cada ação."
>
> Col. Estadual Professora Maria Anita, Salvador, Bahia, Prêmio Nacional de Referência em Gestão Escolar, 2004

1
A avaliação institucional da escola como função da gestão escolar e seus significados

A avaliação institucional se constitui em um processo complexo, pluridimensional, tal como o é o processo educacional que a escola promove. Em vista disso, ela é muito mais do que a prática de coleta de dados e informações e apresentação de relatórios correspondentes. Pressupõe uma concepção que acompanha a opção educacional adotada pela escola e a prática de métodos que correspondam a essa concepção e sejam capazes de organizar e orientar a sua operacionalização, bem como a análise e interpretação dos dados e informações, de forma integrada e contextualizada, no conjunto das ações educacionais.

Portanto, é fundamental o estudo sobre o significado da avaliação institucional, no contexto do processo educacional e gestão escolar, de modo a superar a tendência de coletar dados e apresentar relatórios de forma aleatória, aligeirada e superficial, em arremedo a práticas consistentes de avaliação institucional. Cabe a esta ser programática, o que envolve, por mais simples que seja, que se tenha clareza sobre uma concepção de avaliação, seus pressupostos, princípios e objetivos.

1.1 A avaliação institucional como instrumento de gestão escolar

Evidencia-se, pois, que a avaliação institucional está a serviço da gestão escolar, uma vez que esta se constitui no trabalho de organização, orientação e mobilização de esforços e recursos escolares para promover o trabalho educacional com a máxima efetividade possível, como condição para que os alunos tenham experiências escolares de qualidade, que lhes permitam desenvolver competências múltiplas necessárias para o enfrentamento dos desafios da vida.

Esse trabalho de gestão educacional envolve três funções básicas de organização do trabalho, intimamente relacionadas: planejamento, monitoramento e avaliação. Considerando-se que a educação escolar é um processo intencional e sistemático, orientado para promover resultados propostos e caracterizados por elevada complexidade, evidencia-se como imprescindível que as práticas educacionais sejam criteriosamente planejadas, de modo que não sejam aleatórias, orientadas pelo senso comum, simplificadas e espontaneístas, e sim, sejam orientadas por concepções consistentes e claras e por planos de ações objetivos e organizadores de ações transformadoras, continuamente revisadas.

Por outro lado, uma vez implantadas as ações planejadas, torna-se necessário, para a revisão continuada em sua fase de implementação, um contínuo processo de monitoramento e avaliação, pelo qual se acompanha, mediante um conjunto detalhado de métodos, procedimentos e rotinas, formulados para realizar objetivos propostos e para garantir a efetividade das ações praticadas. Essa efetividade se realiza em duas dimensões: a eficiência e a eficácia. Para conhecer a eficiência, procura-se saber: Está sendo realizado o que se propunha realizar? No tempo e oportunidade propostos? Com bom uso do tempo e dos recursos? Com empenho e determinação? Para conhecer a eficácia procura-se identificar: As ações estão dando que resultados? Os resultados correspondem aos desejados? Estão em acordo com o dispêndio de tempo, de esforços e de recursos? Toda essa verificação é realizada de modo que se possa considerar a necessidade de alteração de rumos e práticas, com vistas a tornar as ações cada vez mais efetivas na busca de promoção de melhores resultados. Portanto, a serviço da gestão escolar e em apoio à melhoria de seus processos.

Conforme é representado na Figura 1 (LÜCK, 2011b), monitoramento e avaliação são comumente representados como funções independentes, uma vez que a avaliação se reporta a resultados e o monitoramento a processos. Via de regra, portanto, aponta-se o monitoramento para verificar a eficiência de processos e a avaliação para examinar a sua eficácia.

Como a avaliação pode ser tanto somativa quanto formativa, pode, segundo sua perspectiva, identificar tanto resultados finais globalizados como resultados parciais e intermediários, ao longo do processo. Considerando também que a avaliação é um processo de julgamento de valor, não se deve deixar de levar em conta que os resultados estão embutidos nos processos e que estes dois são intimamente interligados na realidade das práticas, sendo duas faces da mesma moeda, e que, quando são dissociadas, o são apenas para efeitos didáticos. Tendo em vista que de nada adiantam processos eficientes caso não produzam bons resultados, assim como os resultados intencionais devem ser produzidos a partir de ações parcimoniosas, o monitoramento e a avaliação estão intimamente relacionados e são realizados de forma associada. Dessa forma, o processo de avaliação tem comumente incorporado a avaliação de processos e seus resultados.

Por conseguinte, a avaliação institucional é uma função de gestão que, segundo a própria concepção sistêmica, articula-se a outras funções de organização dessa gestão formando com elas um conjunto de ações que se reforçam reciprocamente na busca pela atuação competente.

Vale dizer que a avaliação institucional, como instrumento de gestão, corresponde a um processo que se integra ao planejamento educacional, dele emergindo e a ele remetendo, como também a processos de monitoramento que acompanham objetivamente as práticas educacionais, estabelecendo relação entre estas e os seus resultados, contribuindo dessa forma para apontar transformações e correções de rumos necessárias durante a sua condução, de modo a garantir sua maior efetividade.

Figura 1 Funções de organização da gestão

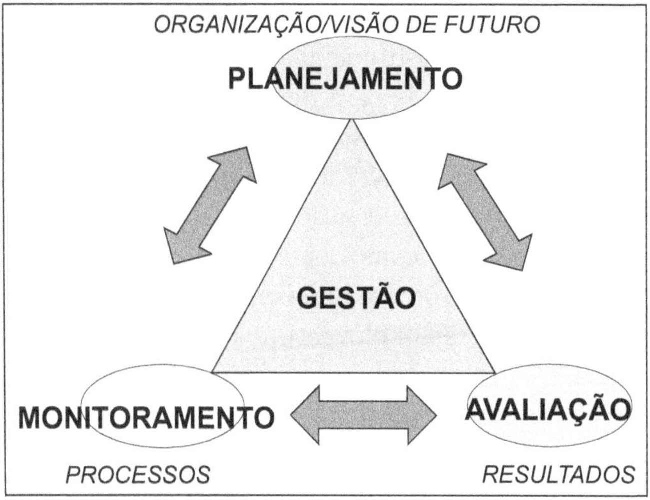

Fonte: LÜCK, E. *Planejamento em orientação educacional*. 22. ed. Petrópolis: Vozes, 2011.

Cabe lembrar que a avaliação institucional, assim como a própria gestão, é meio pelo qual se pretende garantir melhores ações educacionais. Portanto, a avaliação, ao se constituir em uma dimensão da gestão escolar, como tal, não é um fim com um valor em si mesma, em vista do que se justifica e ganha importância, na medida em que contribui direta e efetivamente para a melhoria da capacidade da escola em promover seus objetivos educacionais por meio de gestão escolar mais efetiva e, portanto, associada ao planejamento e ao monitoramento, a serviço do cumprimento da responsabilidade social da escola.

A avaliação institucional concebida como uma estratégia orientada para desvelar os múltiplos aspectos da atuação institucional e sua capacidade de contribuir para a efetividade da escola contribui para promover o necessário desenvolvimento institucional da escola como centro educacional de caráter social. E isso ocorre independentemente dos dados obtidos – sejam eles favoráveis, sejam desfavoráveis, pois seu trabalho é evidenciar bases para reforço de aspectos positivos e superação dos insatisfatórios, que necessitam ser revelados para que sejam trabalhados. Como instrumento de busca e de reflexão voltado para o aprimoramento institucional, baseia-se em informações úteis e confiáveis, trabalhadas em acordo com os princípios e objetivos pertinentes e coerentes que norteiam a escola.

Por conseguinte, é necessário que essa avaliação esteja fundamentada, dentre outros aspectos, em preceitos da qualidade do ensino; em fundamentos da transformação organizacional contínua; em mudança de práticas pela busca da melhoria evolutiva e do comprometimento dos envolvidos na mudança das questões demandando melhoria e transformação. Como à educação compete renovar-se continuamente e assumir a perspectiva de transformação e melhoria contínua, para situar-se e acompanhar a dinâmica e transformação da sociedade e do mundo do conhecimento, avaliação competente é aquela atrelada ao meio de conhecer o novo e aos desafios para criar o novo. Nesse sentido, a avaliação deve ser promovida como expressão de gestão democrática, participativa, transparente e justa, como condições sem as quais se torna um instrumento de mera verificação e descrição formal de dados e informações que, dessa forma ganham dimensão e significado burocrático, em vez de características pedagógicas, de caráter transformador.

Segundo a perspectiva transformadora, a avaliação institucional é realizada não como um instrumento de mera constatação, rotulação ou ação administrativa, mas como uma condição de desenvolvimento do desempenho da gestão da escola, dos seus servidores, professores, alunos, e da própria instituição escolar como um todo. A subsequente divulgação ampla e imediata dos resultados também é condição para promover o necessário espírito de autocrítica, requisito fundamental para que se desenvolva a capacidade de aceitar limitações para superá-las.

Para que se crie na escola uma cultura de autoavaliação, a liderança de seus diretores é imprescindível, levando em consideração a cultura local vigente, de modo a superar gradualmente as resistências registradas às práticas de avaliação de desempenho, avaliação institucional, que são comumente consideradas como ameaça, daí porque serem até mesmo rejeitadas. Como forma de superação de tais resistências o diretor desenvolve práticas participativas de avaliação, de modo que os membros da comunidade escolar percebam os benefícios e a importância desse processo em sua atuação.

Para garantir essa mobilização, o diretor promove a avaliação segundo uma perspectiva proativa orientada para o desenvolvimento e a melhoria contínua, e não com a perspectiva reativa de controle e cobrança, que por si gera resistências e rejeições. Logo, é importante adotar a perspectiva de conhecer as boas práticas para examiná-las (Por que são boas? O que as torna efetivas?) de modo que sejam disseminadas e seguidas e não apenas a de avaliar o que não está dando certo[1].

Por outro lado, as resistências são diminuídas e a avaliação se torna mais efetiva, quando as limitações são conhecidas como oportunidades de aprendizagem e de desenvolvimento, e não como aspectos que devam ser denunciados, recriminados ou eliminados sem consideração às questões que os criam e os mantêm. Verifica-se que o conhecimento dos problemas mediante essa ótica já estabelece o começo da sua superação, uma vez que esta começa com o reconhecimento do que não dá certo e compreensão das suas limitações. Como comumente é afirmado, "conhecer o problema já é grande parte de sua solução", ao que acrescentamos: é parte fundamental. Por sua vez, cabe destacar que conhecer o problema e não fazer nada é o mesmo que não conhecê-lo.

1. A respeito das fortes resistências que são observadas na escola com relação às práticas de avaliação, é importante refletir em que medida a mesma está associada a uma concepção reativa da avaliação. Assim pode-se facilmente verificar que professores utilizam a avaliação da aprendizagem de seus alunos como forma de controle dos mesmos em vez de empregá-la como avaliação de seu próprio trabalho, para verificar o que precisa refazer e reforçar. Dessa forma reativa, também avaliam para buscar erros, identificar na expressão "corrigir trabalhos", em vez de para identificar como os trabalhos podem ser melhorados e transformados em experiência de aprendizagem.

Qual a relação entre gestão escolar e avaliação institucional da escola? Como a avaliação subsidia e fundamenta a gestão escolar? Que pressupostos fundamentam essa avaliação e quais seus princípios? Quais os objetivos da avaliação institucional? Estas são questões abordadas neste segmento, com o objetivo de estabelecer bases conceituais a serem consideradas na realização da avaliação institucional na escola.

A escola é uma organização instituída pela sociedade para promover a formação e a aprendizagem dos seus alunos, de modo que sejam preparados para agir e enfrentar, com segurança e competência, os desafios das várias dimensões da vida no âmbito pessoal, no mundo do trabalho e na sociedade. Para tanto, cabe à escola possibilitar aos alunos conhecer de forma efetiva, perspicaz e crítico-analítica, o mundo, e a si mesmos nesse mundo, ao mesmo tempo em que desenvolvem competências cognitivas e psicossociais, autoestima e autoconfiança. Vale dizer que a avaliação crítica se constitui em importante aprendizagem a ser desenvolvida pelos alunos, cabendo à escola envolvê-los nesse processo, engajando-os na avaliação institucional escolar. É, pois, na medida em que as escolas contribuem para tais aprendizagens, que tanto as suas ações como um todo, como as das diferentes pessoas que atuam nos diversos segmentos escolares, têm razão de ser, e se explica a importância e significado dessa instituição.

1.2 A complexidade e o caráter investigativo da avaliação institucional no contexto da gestão escolar

Garantir a realização das finalidades e objetivos da educação é, portanto, prioridade da gestão escolar, que se realiza a partir de diversos princípios, diretrizes e múltiplos mecanismos e estratégias. Dada a complexidade e abrangência dos processos educacionais, a gestão é caracterizada por atuação abrangente, dinâmica, interativa e multidimensional, na promoção do norteamento, organização e unidade de todas as ações escolares com foco na promoção da aprendizagem e formação dos alunos.

A avaliação é um processo de inquirição, observação e coleta de dados, registro, análise e interpretação da realidade, realizado com o objetivo de conhecê-la, para dar-lhe encaminhamento mais efetivo. A avaliação é própria das ações intencionais de investigação e inerente a elas, e se constitui na adoção de métodos de observação e coleta de dados orientados por questionamentos e envolve inquirir, perguntar, investigar.

Logo, formular perguntas se constitui em ponto de partida para a realização de qualquer avaliação, como por exemplo: O que está acontecendo? Com que resultados? O que poderia ser feito melhor? Que práticas são mais efetivas? Que práticas são menos efetivas? Por quê? Cabe destacar que de nada valem boas respostas a perguntas inadequadas. Em vista disso, a qualidade da avaliação depende da qualidade das perguntas feitas, cuja formulação precisa ser feita de maneira reflexiva, de modo que possa contribuir para a clareza do foco, abrangência e unidade de análise.

Portanto, uma boa pergunta indica o enfoque e o ponto de vista da avaliação. Ela orienta o diálogo a ser estabelecido entre os avaliadores e a base de dados, de modo a construir significados a partir deles, uma vez que estes não falam por si próprios. Portanto cabe perguntar, no início de cada esforço de avaliação: Que perguntas fazer para orientar o trabalho de forma competente? De modo a possibilitar o diálogo orientador da construção de significados, destaca-se a importância de que a pergunta orientadora da avaliação seja problematizadora, em vez de apontar a dados específicos, como por exemplo: Quantos alunos a escola tem?

Por isso mesmo, a proposição da realização da avaliação institucional se assenta sobre o entendimento de questões tanto amplas como específicas, como por exemplo: Por que é necessário que a escola se envolva em processos de autoavaliação? Em que contexto se insere essa demanda? Quais os pressupostos da *avaliação* da avaliação institucional da escola? A que objetivos deve servir? Qual a metodologia adequada para que seja realizada a avaliação institucional? Que dimensões de avaliação devem ser envolvidas? Qual a relação entre avaliação institucional e autoavaliação? Em que medida e de que forma a avaliação institucional da escola se constitui em processo de autoavaliação? Que limitações são observadas em práticas de autoavaliação comumente adotadas pelas escolas? Como superar as limitações identificadas? Qual o papel dos gestores e dos demais atores da escola na realização da avaliação institucional? Como superar a prática meramente operativa, descritiva e de constatação adotada na realização da avaliação institucional?

Estas questões são, pois, o foco deste volume de Cadernos de Gestão, com o qual apontamos pontos básicos sobre o significado da avaliação institucional da educação, seus princípios e objetivos. Ele atende a uma demanda crescente por avaliação no contexto da educação, cuja efetivação necessita ser contextualizada, compreendida em suas possibilidades e limitações e também devidamente orientada.

1.3 Significados da avaliação institucional

A avaliação institucional da escola consiste em um processo sistemático, abrangente e contínuo de observação, coleta e análise de dados, interpretação e julgamento da realidade e prática escolares, em seus desdobramentos e interações, tendo por objetivo contribuir para a melhoria contínua do trabalho educacional e seus resultados. Segundo Dias Sobrinho (2003: 177) "é uma prática social orientada, sobretudo, para produzir questionamentos e compreender os efeitos pedagógicos, éticos, sociais, econômicos do fenômeno educativo, e não simplesmente uma operação de medida e muito menos um exercício autocrático de discriminação e comparação". Por conseguinte, a avaliação institucional escolar corresponde a um processo que associa ação e reflexão que contribui para o desenvolvimento da competência da escola na realização de seu papel socioeducacional.

Por seu caráter abrangente, essa avaliação é realizada em todas as áreas e dimensões do trabalho escolar, de modo dialógico, a fim de se verificar a sua efetividade em seu papel de promover a formação e aprendizagem dos alunos. Trata-se, portanto, de um processo complexo de avaliação, uma vez que se propõe a ver a realidade do trabalho educativo em conjunto e de modo interativo. Essa avaliação se constitui como condição para se compreender a efetividade[2] da ação educacional promovida pela escola, que envolve o funcionamento do estabelecimento de ensino e suas práticas, a identificação do que dá resultado e por esse motivo precisa ser reforçado,

2. Efetividade é um conceito complexo que combina dois componentes, de forma interativa: eficiência, que diz respeito à qualidade dos processos, e eficácia, que se refere aos resultados obtidos pelos processos. Muitas vezes ações efetivas podem não ser eficazes, em vista do que resultam em mero ativismo.

disseminado e maximizado, e o que não dá e precisa ser alterado ou substituído.

A avaliação institucional escolar se caracteriza como uma estratégia de prospecção, construção de conhecimento e acompanhamento do trabalho realizado, em seus desdobramentos e detalhes, de modo a permitir a tomada de decisão apoiada objetivamente, assim como o planejamento e a organização do trabalho pedagógico. Esse conhecimento corresponde a uma condição fundamental para que se construam compromissos de trabalho, que contribuam para estabelecer pactos, vínculos e determinações para a realização de objetivos, já que, quem não conhece não tem condições de se comprometer efetivamente, isto é, com discernimento e empreendedorismo orientados claramente. Também é condição para que se definam objetivamente linhas e ações de melhoria para nortear planos conjuntos. Portanto, a avaliação institucional contribui para a efetivação do compromisso dos profissionais da educação e cumprimento de suas responsabilidades educacionais voltadas para promover, mediante ação integrada e objetiva, a formação e aprendizagem dos alunos.

Esse significado geral da avaliação institucional remete ao entendimento de sua complexidade, tanto pela abrangência do processo educacional que focaliza, quanto pela dinâmica que demanda, envolvendo a interatuação de inúmeras pessoas e integração de variadas áreas de intervenção. Dessa forma, apresenta diversos desdobramentos, a serem levados em consideração em sua efetivação, dentre os quais são destacados: 1) avaliação como autoconhecimento; 2) avaliação como processo de autoavaliação; 3) avaliação como construção coletiva; 4) avaliação como *feedback*; 5) avaliação como processo de transformação; 6) avaliação como processo aberto e contextualizado; 7) avaliação como responsabilidade e prestação de contas (*accountability*). Esses desdobramentos são a seguir comentados.

1) Avaliação como autoconhecimento

A avaliação institucional é um processo de autoconhecimento, isto é, constitui-se em um esforço da instituição escolar em conhecer-se com o objetivo de analisar e destacar suas virtudes e potencialidades de modo a maximizá-las e melhor aproveitá-las, e reconhecer suas limitações e suas dificuldades como condição para superá-las. O autoconhecimento corresponde ao esforço despendido na realização da máxima definida por Sócrates: "*conheça-te a ti mesmo*", que se constitui na base do conhecimento do mundo, da realização individual, e condição para ser mestre e senhor de si mesmo, de ser autônomo e desenvolver o espírito de autoridade, isto é, de assumir responsabilidades com competência. Estas condições correspondem a ser autor de seus atos e não autômato e, consequentemente, em ser melhor, mediante o autodomínio e capacidade de assumir responsabilidade por seus atos.

A escola, assim como qualquer pessoa, tem foro e olhar privilegiado para realizar a avaliação de seu desempenho, uma vez que, como ninguém e em primeira mão, pode conhecer tudo que lhe acontece, o que faz e o que vivencia, imediatamente e diretamente, o que possibilita a adoção de medidas para a superação de limitações e dificuldades, assim que as mesmas acontecem. Oferece condições de conhecer os significados reais que norteiam e impregnam suas ações e omissões e pode, portanto, contribuir para se conhecer as coisas como elas efetivamente são, de uma maneira que avaliadores externos não conseguem, pois estes, embora possam ter um olhar mais objetivo da realidade, têm sempre uma visão muito limitada e parcial da mesma e comumente deixam de perceber a sua dinâmica e os significados subjacentes às práticas.

Alerta-se, porém, que, para se garantir um autoconhecimento efetivo, é necessário superar o viés da subjetividade, das opiniões preconcebidas e da atitude defensiva e adotar perspectiva ética e aberta, livre de camuflagens e faz de conta, associados a mecanismos de defesa, que obscurecem a possibilidade do autoconhecimento voltado para a superação de limitações.

Em vista disso, o autoconhecimento depende de introspecção honesta orientada pela vontade de melhorar pela superação das limitações que devem ser conhecidas e aceitas, ainda que esse conhecimento cause desconforto e mal-estar. Para que esse autoconhecimento seja efetivo, é necessário libertar-se da vontade de "parecer bem na fotografia"[3], de fazer maquiagens a partir de idealizações, de desconsideração a situações contraditórias e adversas. Depende, pois, de que se faça interpretações a partir da auto-observação honesta, da reflexão e ponderações à luz do que se é, e não do que se pensa que é ou gostaria de ser. Com essa perspectiva, é importante, dentre outros aspectos, que a escola examine o discurso que emprega na descrição das limitações dos resultados de aprendizagem de seus alunos, na explicação das dificuldades de gestão e limitações de seus processos.

Quem não se conhece não consegue fazer uso de suas qualidades nem consegue se libertar de seus defeitos, do que resulta adotar uma perspectiva de ação reativa, segundo a qual tende a culpar os outros ou a circunstâncias externas pelo que de insatisfatório ou negativo lhe aconteça, de cuja ótica decorre que

3. Essa tendência tem sido registrada na realização de provas de desempenho de alunos, como parte das avaliações externas de sistemas de ensino, como por exemplo a Prova Brasil, para a qual as escolas convocam para participar das provas, conforme se tem notícia, apenas os melhores alunos, a fim de obterem melhores resultados. Nesse caso, jogam por terra qualquer contribuição que essa avaliação externa, também importante, possa oferecer.

os méritos de suas realizações podem ser considerados consequência da sorte ou do acaso. Dessa forma, sempre pode jogar a responsabilidade nesses outros pelos resultados daquilo que faz, assim como deixa de assumir os próprios espaços de realização. Em consequência, a fragilidade faz parte de seu modo de ser e de fazer que se torna sempre menor, de menor valor e significado mais pobre do que poderia ter. Vive, pois, à mercê da opinião dos outros, que espera seja positiva, embora inadequada.

O autoconhecimento, portanto, é não só uma necessidade, mas uma imperiosidade para qualquer unidade social (pessoa ou instituição) que se pretenda ser inteira, autodeterminada com consciência de identidade própria e em contínuo desenvolvimento.

Esse autoconhecimento depende de uma capacidade e competência de introspecção, de auto-observação e análise que permite ao mesmo tempo libertar-se de vícios, de cacoetes, de posicionamentos focados no lugar-comum e, dessa forma, superar limitações e desenvolver-se pela maximização das potencialidades próprias. Ele se constitui em processo que permite liberar energias, identificar como elas são usadas, quais seus resultados, que fatores facilitam o melhor uso das energias e quais os que podem estar promovendo alguma restrição desnecessária.

A partir do autoconhecimento da escola sobre seu modo de ser e de fazer, torna-se possível a busca da integração e unidade de ações voltadas para a realização dos objetivos educacionais. Como decorrência desse entendimento, essa avaliação corresponde não apenas à identificação de dados e informações, mas a um processo de reflexão que ilumina tanto o caminho percorrido como o descortinar de novos percursos a serem percorridos. A quem pretende conhecer-se cabe, pois, o compromisso e a iniciativa em constituir e implementar um processo sistêmico e contínuo de conhecer-se objetivamente. Este conhecimento pode se dar mediante acolhimento de observações e informações produzidas externamente. No entanto, é imprescindível que o seja também mediante autoavaliação.

> "Aquele que conhece os outros é sábio.
> Aquele que conhece a si mesmo é iluminado."
>
> Lao-Tsé

2) Avaliação institucional como processo de autoavaliação

Embora a avaliação institucional da escola possa ser realizada mediante processos definidos e orientados externamente ao estabelecimento de ensino, reconhece-se como fundamental que essa avaliação se constitua em programa construído e assumido pela escola, a partir da sua própria determinação no sentido de se conhecer. No primeiro caso, temos como ponto de partida o interesse e responsabilidade dos sistemas de ensino em conhecer como funcionam as suas escolas, ao mesmo tempo em que procuram induzir os estabelecimentos de ensino sob seu encargo, a assumirem a responsabilidade de realizarem autoavaliação, ainda que iniciada e orientada externamente. Neste segmento objetiva-se evidenciar a necessidade e importância da avaliação institucional escolar como processo de autoavaliação, isto é, como responsabilidade assumida pela escola a partir de seu próprio interesse em conhecer-se para tomar iniciativas de transformação e melhoria.

Com a perspectiva do autoconhecimento, portanto, a autoavaliação permite a promoção do autodesenvolvimento e ajuda a romper as couraças da autoproteção e medos, muito mais associados às práticas de avaliação externa. Por conseguinte, a autoavaliação que permite o autoconhecimento corresponde a um processo de realização e de construção da autodeterminação, pois está associada ao autocontrole e construção de autonomia, condições necessárias para a superação da tendência de alienação de responsabilidade em relação aos próprios atos e consideração das próprias ações como sendo inteiramente heterodeterminadas.

A autoavaliação derivada, portanto, do princípio de autoconhecimento, anteriormente apresentado, é efetiva na medida em que a própria escola se envolve em um processo de planejamento, implementação da avaliação, análise e interpretação de dados e informações e, em seguida, de utilização desses resultados para a reformulação de suas ações, com vistas à adoção de práticas mais efetivas. Nesse processo, funcionários da escola, professores, alunos e pais são envolvidos no delineamento de instrumentos e de estratégias de coleta e análise de dados a serem utilizados por eles na avaliação do seu próprio desempenho e responsabilidades, no entendimento de sua expressão e significados, e na proposição de ações necessárias à melhoria do desempenho.

Com essa prática a avaliação institucional contribui para a construção da autonomia, autoria e autoridade da escola sobre seu próprio trabalho, como um processo evolutivo (LÜCK, 2011a) o que somente se torna possível na medida do esforço conjunto de seus atores para se conhecerem, conhecerem como interagem e como integram os seus esforços conjuntos, e qual o alcance de seu trabalho. Por conseguinte, a avaliação pressupõe o envolvimento e o comprometimento de todos os participantes da escola na avaliação dos múltiplos aspectos de sua atuação, tanto individualmente como em conjunto. E esse esforço, para ser efetivo, precisa ser colegiado e participativo, envolvendo sempre todos os grupos de atores da comunidade escolar.

Todas as escolas interessadas nessa melhoria se autoavaliam dedicando atenção e esforços no sentido de rever objetivamente suas práticas, assim como a organização de seus processos e até mesmo sua própria estruturação, tendo por base a observação e julgamento objetivos e específicos da relação entre processos, atividades e seus resultados.

- Quão frequentemente, em sua escola, ocorre a prática de autoavaliação?
- Como é praticada essa autoavaliação?
- Que aspectos são avaliados?
- Como são envolvidos os atores da comunidade escolar nessa avaliação?
- Como são analisados, interpretados e utilizados esses resultados?
- Que avanços são promovidos nos processos educacionais e de gestão a partir dessa avaliação?

Pesquisas têm identificado que nenhuma escola é melhor do que os seus profissionais (REVELL, 2005), pois são eles que dão significado e sentido à utilização de estruturas, recursos, métodos e técnicas na efetivação do currículo escolar e promoção da formação e aprendizagem dos alunos.

Também que esses profissionais aprimoram sua competência e suas condições de trabalho a partir de um hábito de se autoavaliar e avaliar os processos educacionais empregados em sua atuação. A partir dessa autoavaliação eles se tornam capazes de conscientemente participarem na transformação de suas próprias práticas e as da organização escolar, mediante o desenvolvimento de visão crítica, assim como de novos métodos e perspectivas de trabalho.

Por outro lado, é verificado que a valorização da gestão autodeterminada e autônoma ocorre a partir da capacidade própria de prestar contas de sua responsabilidade. Nessa perspectiva a gestão se assenta não só no desenvolvimento da capacidade da escola de se autoavaliar e de assumir, em sequência, iniciativas orientadoras das dimensões e aspectos em que melhorias são necessárias, mas, sobretudo, em fazê-lo mediante o desenvolvimento de uma cultura coletiva e participativa de autoavaliação.

> A autoavaliação permite o autoconhecimento autodeterminado em associação ao autocontrole, que ajuda a romper as couraças da autoproteção e medos que restringem o desenvolvimento.

3) Avaliação como construção coletiva

A avaliação institucional é efetiva na medida em que os professores e servidores da escola, pais e alunos são envolvidos, como uma equipe, de forma crítica interativa e integrada, em um processo de observação e reflexão conjunta, na construção de uma cultura de autoavaliação e sinergia coletiva, voltada para a melhoria do desempenho de todos que atuam na escola. Nesse processo, ao mesmo tempo em que avaliam, são avaliados de forma crítica e proativa. Essa avaliação envolve, dentre outros aspectos, compromisso com a qualidade e sua melhoria, conscientização de responsabilidades, abertura e receptividade à inovação, flexibilidade em relação a mudanças necessárias, processo interativo, e visão de conjunto e sistêmica.

Sua realização requer trabalho compartilhado e colaborativo, mediante associação de diferentes perspectivas e competências, além da aprendizagem compartilhada pela troca recíproca de observações, reflexões e de experiências. No interior da escola, o sucesso do processo de avaliação depende, de um lado, da conscientização e ideário comum dos membros da instituição a respeito da importância da avaliação, como processo de autoconhecimento. De outro lado, depende de seu próprio interesse e abertura em conhecer os desdobramentos e repercussões de sua atuação. Com essa ótica, a escola é fortalecida como instituição que se conhece e assume os desafios de sua melhoria contínua; o espírito de equipe e a consciência de responsabilidades conjuntas são desenvolvidos; o desempenho e competências dos profissionais são ampliados e, em decorrência, os alunos recebem educação de melhor qualidade.

Nessa perspectiva, como trabalho de equipe, a avaliação institucional se realiza mediante processo de diálogo e interação contínuos mediante o qual uns compreendem o efeito de sua atuação sobre a dos outros e sobre os resultados educacionais do trabalho realizado pela equipe. Para tanto, é importante constituir-se um comitê responsável pela coordenação, orientação e dinamização da autoavaliação na escola, comitê esse que poderá constituir vários subcomitês, para avaliar diferentes dimensões e aspectos do processo educacional, porém sempre com sentido de unidade e visão de conjunto. Esse trabalho cooperativo pode ser realizado mediante um confronto e integração contínuos de autoavaliação, heteroavaliação e coavaliação, em que o processo avaliativo é realizado pelos próprios atores, pelos usuários de seu trabalho e pelos colegas de atuação, em caráter de reciprocidade.

Nesse contexto, é importante o contínuo processo de reflexão colegiada de modo a estabelecer *feedback* efetivo, pelo qual os participantes da escola são levados a refletir sobre suas ações e sua repercussão, mediante a interpretação de como são percebidas, quais os seus significados e qual sua efetividade.

> A avaliação institucional corresponde a um esforço colegiado dos participantes da comunidade escolar, que se dedicam a coletivamente conhecer de forma interativa seu trabalho conjunto e dar-lhe maior consistência e efetividade.

4) Avaliação como *feedback*

A avaliação institucional é efetiva quando oferece aos envolvidos na escola um retrato simples e claro de indicadores de desempenho, de modo que, por este retrato, ocorra o desenvolvimento da identidade educacional da escola e predisposição para aprimorá-la continuamente. Portanto, o caráter dessa avaliação é descritivo, analítico, explicativo e elucidativo, de acordo com as necessidades de desenvolvimento da escola. Vale dizer, por conseguinte, que não lhe cabe assumir caráter punitivo, ou de premiação, e sim o de apontar caminho proativo para a superação de problemas e limitações encontrados, mediante ações que vão influenciar a qualidade do trabalho da instituição como um todo.

Em vista disso, a avaliação institucional não é nem punitiva, nem recompensadora e meritocrática, embora possa apoiar decisões de cerceamento de ações inadequadas e a celebração do sucesso para reforçar as condições que o produzem; nem prescritiva, nem normativa, embora a partir do *feedback* recebido os atores possam ter estabelecidas para si próprios normas e prescrições de ações para nortear o trabalho conjunto.

Como o papel da avaliação institucional é o de estabelecer a observação objetiva da realidade, de modo a orientar novas ações de melhoria a respeito dos aspectos objeto da avaliação, esse processo demanda um retorno e reflexão sobre os dados e informações gerados o mais próximo possível de sua ocorrência. A respeito desse retorno, pesquisas têm indicado que quanto mais distanciados estiverem a avaliação do desempenho e o *feedback* correspondente, menos efetividade esse processo terá (KRASHEN, 1986), sendo o inverso verdadeiro: quanto mais proximamente se der o retorno sobre desempenhos em relação à sua ocorrência, maior será a possibilidade de ele ser entendido, acolhido e utilizado.

É importante reconhecer que, como em geral, não somos bons observadores de nós mesmos, e como, via de regra, o desempenho é observável pelos seus usuários, supervisores e colegas, evidencia-se como importante utilizar esse excelente e precioso reforço para essa avaliação. Seu *feedback* oferece uma visão externa da atuação, de como a mesma é percebida e interpretada pelos seus observadores e qual o seu significado. O *feedback* se constitui, portanto, em processo no qual o efeito ou resultado de uma ação é refletido de forma a modificar a próxima ação (retroalimentação). O *feedback* é essencial na regulação de todas as ações interatuantes de modo a estabelecer o equilíbrio e o desenvolvimento conjunto de todas as partes.

O *feedback* tem, pois, um efeito regulador que contribui para o desenvolvimento de profissionais, organizações sociais e sistemas e de suas práticas. Consiste em um processo de dupla via, mediante uma forma específica de interação marcada pelo diálogo e reflexão sobre significados de ações, comportamentos, desempenhos e seus resultados. O *feedback* no contexto da avaliação educacional corresponde ao retorno de informações a um indivíduo ou grupo de indivíduos, sobre o seu desempenho e respectivo resultado no contexto da organização escolar e em relação aos seus objetivos, de modo a suscitar o contínuo ajustamento, a fim de que se torne cada vez mais efetivo.

Elogios vazios, meras constatações, opiniões, comentários negativos ou comentários críticos genéricos que não conduzem à reflexão sobre o significado e a representação de aspectos específicos do desempenho são inúteis, podendo até mesmo ser perniciosos. Isso porque não apoiam a compreensão crítica, a construção de conhecimentos transformadores e a aprendizagem significativa e sim a adoção de ótica reativa, fechada em si mesma, de forte potencial imobilizador. Nos casos em que comentários colocam o interlocutor em posição reativa, estes não são acolhidos e, em vez de orientarem o seu desempenho e contribuírem para melhorar a sua competência, provocam a contraposição sob a forma de disputa de posições. Dessa forma, não são considerados como *feedback*, uma vez que este se caracteriza por uma retroalimentação e processo de orientação das pessoas a respeito de como estão, como está seu trabalho, como atuam, sem o qual ficam desprovidas de orientação a respeito de como seu trabalho é recebido e de que resulta andarem sem direção.

O *feedback* conduz, pois, a uma reflexão pessoal e a uma aprendizagem as quais resultam na possibilidade de transformação do desempenho. Ele se constitui, por natureza, em espinha dorsal do desenvolvimento da competência pessoal e institucional. Para tal fim, duas condições se tornam fundamentais como inerentes à avaliação institucional: que os gestores desenvolvam habilidades de dar *feedback* adequadamente, de modo que seja aceito e incorporado, e que os participantes da escola desenvolvam atitude flexível e aberta, de modo a serem receptivos ao *feedback* dado.

No contexto da avaliação institucional, o *feedback* resultante apresenta desafios especiais, por envolver um conjunto muito grande e abrangente de dados e informações, que são fornecidos de maneira indireta por instrumentos de registro que ajudam a integração e sistematização. Essa condição, ao mesmo tempo em que possibilita o desenvolvimento de uma visão global da realidade, pode retardar o tempo do *feedback*, condição que corresponde a um risco considerável por possibilitar o desinteresse pelo *feedback* tardio e distante da ação que é avaliada. É possível até mesmo, nessas condições, que o *feedback* seja dado genericamente para pessoas não diretamente envolvidas ou até mesmo que nem venha a ser dado.

Em consequência, a avaliação como *feedback* pressupõe cuidados especiais como ser próximo no tempo e espaço à ação avaliada e dado de maneira dialógica às pessoas diretamente envolvidas nas ações e desempenho avaliados.

> "*Feedback* é o procedimento que consiste no provimento de informação a uma pessoa sobre o desempenho, conduta, eventualidade ou ação executada por esta, objetivando orientar, reorientar e/ou estimular uma ou mais ações de melhoria, sobre as ações futuras ou executadas anteriormente."
>
> Bruno Mascarenhas, 2009

5) Avaliação como processo de transformação

A dinâmica da sociedade promove um contínuo processo de mudanças em todas as ordens: ambientais, conceituais, de costumes, econômicas, sociais, dentre muitas outras. No mundo moderno, vive-se em uma sociedade caracterizada pela complexidade e dinâmica e por profundas e contínuas transformações que impõem sobre a educação e a escola não apenas novas demandas e novos desafios, mas a necessidade de sua transformação, de modo que por sua atuação se integrem a esses movimentos. Cabe à escola, portanto, não apenas adaptar-se reativamente a essas novas condições ou apenas promover mudanças tópicas, mas transformar-se em suas estruturas e funcionamento, em sua cultura e seu modo de ser e de fazer, de forma a tornar-se orgânica e dinamicamente ativa na sociedade e não apenas um apêndice dela.

Dessa forma, a avaliação institucional é plenamente útil quando resulta não somente em melhoria das práticas educacionais, mas em transformação sistêmica e integrada de modos de ser e de fazer na escola. Essa transformação se constitui em uma necessária contribuição dessa avaliação de modo que suas práticas e seus resultados se tornem cada vez mais efetivos na promoção da aprendizagem e formação dos alunos adequados aos novos desafios que enfrentarão na sociedade, em que necessitarão se posicionar criticamente, resolver problemas, avaliar criticamente dados e informações, dentre outros aspectos.

Promovida a partir da perspectiva do emprego de seus resultados em um processo de transformação das práticas avaliadas e condições de sua produção, a avaliação institucional permite o desenvolvimento contínuo da escola e do seu trabalho. Como as transformações demandam necessariamente uma nova consciência dos envolvidos, produzida pela reflexão e aprendizagem, a avaliação institucional envolve a autoavaliação e demanda a participação comprometida e interessada dos envolvidos nas práticas e condições avaliadas, condições anteriormente examinadas.

Por conseguinte, tendo em vista o caráter de contínua mudança dos processos de expressão da sociedade e de seu modo de ser e de fazer, escola de qualidade é aquela que está em contínua transformação de modo a não apenas acompanhar essas mudanças, mas de antecipar-se a elas e contribuir para que os alunos egressos dessa instituição estejam melhor preparados para acompanhar o processo de mudança, tanto dele usufruindo como colaborando para o mesmo.

Destaca-se, portanto, que nenhuma avaliação na escola é útil, caso os seus resultados não sejam utilizados num processo voltado para melhorar e transformar as práticas escolares e, em última instância, promover condições mais adequadas de aprendizagem e formação dos alunos, a partir de níveis de consciência funcional mais abrangentes e interligados.

> A avaliação institucional é um processo evolutivo e dinâmico orientado tanto para captar as transformações institucionais como para contribuir para a sua alavancagem.

6) Avaliação como processo aberto e contextualizado

Considerando-se que a educação é um processo evolutivo e dinâmico, em atenção às dinâmicas evolutivas da sociedade, a avaliação institucional se constitui em processo aberto que vai ganhando novas perspectivas e novas dimensões, na medida em que o próprio processo educacional promovido pela escola evolui. Assim, conforme o estágio ou condições em que se encontre a escola, os elementos a ganharem evidência na avaliação variam de uma época para outra (DIAZ, s.d.). Na medida em que se observe alguma debilidade ou inadequação em algum aspecto, esta passa a ter maior peso no conjunto das questões a serem avaliadas.

Em decorrência, a avaliação institucional, para ser efetiva, não deve estar centrada em modelos prontos que sejam empregados de forma contínua e imutável. Cada escola à luz de conceitos e princípios norteadores deve adotar o discernimento necessário para formular seu programa de autoexame em caráter flexível, delineando o conjunto de elementos que fazem parte de sua política de desenvolvimento e melhoria de maneira a comportar contínuos ajustamentos.

Deixa de cumprir sua finalidade o processo de avaliação no qual os dados são trabalhados exclusivamente com o intuito de facilitar ou encurtar o caminho decisório; ou coletados para a tomada de decisões baseada em uma concepção negativista e reativa da realidade; para a elaboração de projetos, ou para a gestão desvinculada do Projeto Político Pedagógico da escola, ou que desconsiderem os desafios socioeducacionais de seu contexto e de sua época. Como processo aberto, a avaliação institucional deve acompanhar as evoluções teórico metodológicas da Pedagogia, do trabalho educacional e das demandas de desenvolvimento educacional que a sociedade lhe apresente.

Essa melhoria transformadora se constitui em uma demanda social, a cujo serviço a escola é instituída. Vale dizer que a escola não tem valor em si mesma, mas pelos serviços que presta à sociedade, para a qual deve prestar contas, e a cujo contexto deve vincular-se.

7) Avaliação como responsabilidade e prestação de contas (*accountability*)

A gestão democrática e participativa está diretamente associada à perspectiva de construção da autonomia da gestão escolar que, por sua vez, corresponde à capacidade de assumir responsabilidades pelos seus próprios atos e a transparência em relação aos mesmos (LÜCK, 2011a). Para esse fim, depende de prática de monitoramento e avaliação que promove, de forma combinada, a capacidade de demonstração de responsabilidade e a prestação de contas. Esse processo é expresso pelo termo da língua inglesa *accountability*, que é traduzido para o português ou como responsabilidade ou como prestação de contas, dissociando ambos os significados. Daí porque, para não desvincular as duas vertentes do processo e perder uma delas pelo cuidado somente com a prestação de contas ou somente com a responsabilidade socioeducacional, emprega-se o termo *accountability* da língua inglesa. Destaca-se que essa *accountability* não representa um fechamento a um modelo técnico pronto e fechado, e sim a um princípio de caráter social.

A avaliação institucional serve, pois, à própria natureza social do trabalho educacional e, portanto, à necessidade dos participantes da comunidade escolar de prestar contas da responsabilidade social que assumem ao decidirem atuar na escola. Trata-se de uma condição imprescindível para o atendimento com qualidade aos direitos de crianças, jovens e adultos. O entendimento dessa necessidade pelos educadores como pelos pais orienta a concentração de esforços voltados para a promoção da formação dos alunos como um princípio e um valor orientadores das ações de todos.

Registra-se comumente, entre os profissionais que atuam na escola, a queixa da desvalorização de seu trabalho pela sociedade. Essa desvalorização se dá pelos mais variados motivos, dentre os quais o desconhecimento da contribuição real objetiva da escola para a formação dos seus alunos, assim como o desconhecimento dos problemas que enfrenta e como os supera. Em vista disso, na medida em que a escola demonstre objetivamente o seu empenho, apresente os seus trabalhos e respectivos resultados, o seu valor poderá ser reconhecido pela sociedade como importante e válido. Daí porque a importância de promover contínuas avaliações de seu trabalho e realizar a demonstração de seus resultados para a sociedade, como forma de obter a mobilização social em favor da melhoria contínua da escola e de seu trabalho. A experiência tem demonstrado que escolas que se abrem para a comunidade e a envolvem em sua avaliação e lhes dá conhecimento de seu trabalho são escolas mais efetivas (CONSED, 2005, 2006, 2007, 2008, 2009).

É importante destacar que prestar contas à comunidade escolar e à sociedade, sem o sentido de cumprimento de responsabilidade social, pode representar apenas a indicação limitada e formal de que foi feito o que deveria ser feito, processo esse que poderia expressar uma atitude de querer evidenciar o que está bem, sem focalizar os pontos críticos, deixando, dessa forma, de avaliar para contribuir para a transformação da escola e melhoria do ensino que promove. Trata-se, sim, antes e acima de tudo, de uma postura e atitude que determinam um novo relacionamento de reciprocidade mediante o qual se fortalecem laços de aproximação e corresponsabilidade pela educação.

> "Quando a escola ignora os seus problemas, está mentindo para si mesma e para toda a comunidade que a cerca."
>
> Depoimento de uma diretora escolar do Município de Manaus, 2003

2
Fundamentos da avaliação institucional da escola

A qualidade e a potência da avaliação institucional como instrumento de gestão e de orientação da melhoria da qualidade do ensino dependem da clareza dos fundamentos que embasem as suas ações. Essa clareza envolve, além da compreensão da concepção e significado da avaliação institucional, a explicitação de pressupostos, princípios e objetivos, que são apresentados nesta unidade.

1) Pressupostos da avaliação institucional

A explicitação de pressupostos no contexto da definição de programas de ação em geral é fundamental, tendo em vista a necessidade de compreender a concepção orientadora das ações promovidas. Isso porque uma mesma ação realizada mediante orientação de concepções diferentes promove diferentes resultados.

Toda ação é baseada em pressupostos, sejam eles explícitos, sejam implícitos. Os pressupostos explícitos, geralmente baseados nas áreas de conhecimento que sustentam uma intervenção, dão a estas um sentido que ajuda a superar o senso comum da superficialidade, do imediatismo e do ativismo. Esses pressupostos são considerados como proposições que estabelecem parâmetros de conhecimentos orientadores do modo de pensar e de agir em uma determinada área. Seu papel é o de revelar e sustentar o significado de ações, tornando-as mais sólidas e consistentes, de significados claros, dessa forma ajudando a superar as limitações da superficialidade, da descontinuidade e da falta de direcionamento claro de ações.

Pressupostos se constituem em conhecimentos apriorísticos, de conotação epistemológica, que estabelecem as bases orientadoras do posicionamento que se adota diante da realidade, que implica uma concepção para além da superficialidade dos fatos e dos atos. Eles estabelecem uma explicação do que é considerado verdadeiro, mesmo antes da experiência.

A realização da avaliação institucional de modo consistente e efetivo se fundamenta em alguns pressupostos básicos que cabe aos gestores ter em mente ao promovê-la. Os mesmos são fundamentais para dar consistência e coerência às ações de avaliação. Como se aponta mais adiante, há os pressupostos implícitos, de senso comum, que as pessoas possuem sobre suas práticas e atuações, nas quais se manifestam de forma subjacente, sem que se deem conta disso. Por exemplo, os professores, ao escolherem avaliar utilizando provas objetivas ou subjetivas, devem fazer essa seleção metodológica a partir da explicitação de pressupostos que orientem o seu papel: as provas objetivas pressupõem a fragmentação do conhecimento e as provas subjetivas ou discursivas pressupõem a integração desse conhecimento; no entanto, a partir de decisões de senso comum, professores escolhem uma ou outra forma de avaliar, tendo em vista a maior facilidade de preparar uma prova ou de avaliá-la.

Eis alguns pressupostos importantes para orientar a avaliação institucional da escola:

1) Os seres humanos que participam de uma organização escolar são capazes de, conscientemente, participarem na transformação de suas práticas e da organização escolar, mediante o desenvolvimento de visão crítica sobre seu desempenho e seu papel no conjunto de práticas escolares.

2) A viabilização da gestão autodeterminada, promotora da construção da autonomia escolar, assenta-se no desenvolvimento da capacidade da escola de se autoavaliar e de assumir iniciativas orientadoras das dimensões e aspectos em que melhorias são necessárias.

3) A avaliação oferece pistas do que funciona e precisa ser reforçado e melhorado e do que não

funciona ou apresenta limitações e precisa ser modificado ou substituído.

4) Qualquer decisão sobre mudança só se torna efetiva quando fundamentada no conhecimento objetivo das condições que caracterizam e sustentam as situações a serem mudadas e os efeitos que as mesmas promovem.

5) A avaliação é a melhor estratégia para induzir o aprimoramento dos processos de planejamento educacional, de gestão da sua implementação, orientação da capacitação profissional em serviço e da melhoria da qualidade do ensino.

6) A competência da escola somente se desenvolve a partir de um processo contínuo de autoavaliação e reformulação de seu trabalho baseada em percepção crítica do mesmo.

7) A prestação de contas à comunidade do esforço de melhoria da escola somente pode ser feita a partir da prática de avaliação institucional.

8) O processo de avaliação institucional consiste na base para a promoção do desenvolvimento da credibilidade interna e externa na escola.

9) Quem não se avalia não tem condições de se conhecer e melhorar seus processos.

10) Quando os atores de um processo avaliam seu próprio trabalho, por esse mesmo processo, já desenvolvem novas ideias de melhoria e respectivo compromisso com esse resultado.

11) A avaliação institucional, por sua abrangência, é um processo coletivo e participativo dos atores escolares e, por isso, é gerador do espírito de autorresponsabilização pela relação entre ações e seus resultados.

A avaliação institucional oferece pistas sobre o que funciona e precisa ser melhorado e do que deixa de funcionar e precisa ser modificado, aspectos esses que podem ser imediatamente assumidos, de modo a garantir melhor cumprimento das responsabilidades socioeducacionais. Observa-se que quando a autoavaliação institucional é realizada de modo participativo e intenso, os seus resultados são transformadores, conduzindo a ações mais dinâmicas e estimulantes e com maior potencial para promover resultados mais efetivos.

É necessário observar que muitas vezes ações são iniciadas sem que sejam explicitados os pressupostos para dar-lhes consistência. Nesse caso, os atores da ação passam a executá-la a partir de suas concepções implícitas, formuladas a partir de experiência muitas vezes errática e inconsistente, estabelecidas a partir de viés emocional e de construção de significado da mesma, segundo o nível de insatisfação/satisfação ou desconforto/conforto que sintam em relação a ela.

É muito importante reconhecer o grande poder que essas concepções exercem de maneira subliminar sobre a qualidade das ações, devendo ser as mesmas explicitadas, explorando-se dentre os participantes do processo de avaliação, que significados atribuem ao mesmo, que papel julgam nele exercer, quais suas expectativas em relação a esse trabalho etc.

2) Princípios da avaliação institucional

Os princípios de uma área de atuação revelam as linhas mestras segundo as quais as suas ações se desenrolam e, em última instância, o seu caráter, a sua razão de ser e identidade. Determinados princípios são identificados como fundamentais para que a prática da avaliação institucional adotada pela escola possa ser realizada de modo a contribuir para a transformação e melhoria das práticas profissionais e escolares, tal como é seu propósito. Esses princípios estabelecem um modo de agir e são considerados como condição de avaliação da própria prática de avaliação institucional. Esse modo de agir, em linhas gerais, é orientado pelo seguinte entendimento:

1) A avaliação institucional tem como compromisso a melhoria da qualidade de ensino e do desempenho de seus profissionais, de modo a contribuir para a revisão dos seus processos do desempenho da organização do trabalho executado na escola, como condição para a melhoria da aprendizagem dos alunos.

2) A avaliação institucional focaliza processos e desempenho com vistas à melhoria de práticas e

seus resultados, em vista do que não personaliza esses aspectos, nem assume o caráter punitivo, rotulador ou de premiações meritocráticas. Seu caráter é o de orientação da melhoria.

3) Os esforços de avaliação institucional têm como ponto de partida e de chegada esforços de planejamento e ação com vistas à melhoria contínua de ações, processos e desempenho.

4) Todas as ações de melhoria propostas devem estar associadas à melhoria contínua e em serviço de desempenho e conscientização dos profissionais da escola sobre seu trabalho.

5) Todos os participantes da comunidade escolar devem ser envolvidos, de forma cooperativa, no exame das suas ações, das relações entre elas e delas com as dos demais participantes da escola, e respectivos resultados.

6) O ambiente de realização da avaliação institucional deve ser caracterizado por comportamentos éticos a respeito do uso dos dados e informações produzidos.

Associados às linhas gerais de ação, é importante levar em consideração, especificamente, **princípios básicos** como norteadores de toda e qualquer ação de avaliação institucional e que se expressam em seu planejamento e na utilização de seus resultados:

1) **Abrangência:** que possibilita uma visão globalizadora e interativa dos elementos e aspectos

avaliados, de modo a considerar o seu conjunto, de forma integrada e como um todo. A partir desse princípio, a incorporação de novos elementos a serem avaliados pelo programa de avaliação se realiza mediante processo de integração e não de mera agregação ou justaposição de novos aspectos.

2) **Comparabilidade:** que determina a busca de referências externas e referências seriadas de caráter evolutivo, como condição de comparação dos dados e informações obtidos, de modo a se ter uma perspectiva de entendimento dos significados desses dados e informações em perspectivas mais amplas. É importante reconhecer que nenhum dado ou informação pode ser compreendido plenamente senão em comparação a outros que dão significado aos mesmos. Isto é, o princípio da comparabilidade possibilita o estudo evolutivo das ações educacionais e seus resultados. Essa condição determina a continuidade de utilização de instrumentos, estratégias e métodos de coleta de dados e observações.

3) **Continuidade:** que pressupõe a superação da tendência de realizar ações eventuais e pontuais e prevê a avaliação como um programa que envolve processo contínuo e interativo de seus vários momentos, de modo a estabelecer unidade e caráter evolutivo.

4) **Legitimidade:** que se garante pela sua realização de forma participativa e se associa ao desenvolvimento de espírito de autonomia, pelo qual os participantes da escola assumem responsabilidade pelo processo de avaliação, por sua análise e utilização dos resultados.

5) **Objetividade:** que supera a subjetividade, vieses pessoais e personalísticos, opiniões e tendenciosidades. Adota o cuidado por considerar situações, fatos, objetos ou pessoas em observação, segundo as suas características próprias e não de acordo com emoções e experiências pessoais ou opiniões do observador. A objetividade demanda a atitude de perceber e descrever a realidade tal como é, e não como julga que seja. Ela se opõe à subjetividade, que corresponde à tendência a perceber, a descrever fatos, situações ou pessoas por influência de emoções, sentimentos, crenças ou preconceitos pessoais.

6) **Proatividade:** que pressupõe uma perspectiva orientada por visão positiva, de futuro, responsável e comprometida no enfrentamento de problemas, que são considerados como desafios, à espera de iniciativas para a sua superação. Essa perspectiva vem acompanhada por um comprometimento consciente e responsável com resultados, mediante intervenção própria de modo que circunstâncias limitadas e indesejáveis sejam alteradas.

7) **Relevância:** que demanda que os dados e informações coletados sejam úteis e vinculados a questões substantivas do processo educacional, referindo-se a questões importantes para orientar a melhoria do desempenho escolar e a tomada de decisões de gestores para promovê-las. Para tanto, devem ser facilmente compreendidas, o que demanda simplicidade; devem ser focadas e centrais, em vez de difusas e secundárias.

8) **Senso de oportunidade:** que implica rapidez na análise e interpretação dos dados e disponibilização imediata das conclusões da avaliação realizada para que possam ser incorporadas a um processo de mudança e melhoria.

9) **Sigilo e ética:** que determina aos envolvidos no processo de avaliação o respeito a todos os envolvidos. Para tanto, a avaliação deve ser conduzida de modo imparcial, com isenção de ânimo, livre de opiniões previamente estabelecidas, ideias preconcebidas, receios e medos. Em que pese a importância da transparência, o princípio do sigilo e da ética determina que nenhuma informação pode ser disseminada caso não seja em situação diretamente relacionada à promoção da melhoria do processo educacional, numa perspectiva proativa. Isto é, não se deve fazer comentários sobre os resultados da avaliação se não em circunstâncias que possam promover uma melhoria.

10) **Transparência:** que é promovida mediante abertura, diálogo, divulgação e *feedback* realizados em clima de confiança, condições necessárias para que a avaliação resulte em mudanças e transformações de melhoria de desempenho. Segundo o princípio de transparência, os objetivos da avaliação devem estar claros para todos os abrangidos no processo, como também os seus resultados devem ser disponibilizados para aqueles que forem objeto da avaliação.

A partir desse conjunto de princípios, alguns cuidados emergem na realização da avaliação institucional da escola:

1) Superar o sentido cartorial, artificial e de faz de conta.

2) Orientar-se por um enfoque proativo e pedagógico.

3) Ser assumida como responsabilidade profissional ao mesmo tempo pessoal e colegiada.

4) Superar o limite da constatação e rotulação e promover o sentido da orientação.

5) Associar aos esforços de avaliação a utilização de dados e informações obtidos, em ações de melhoria contínua.

6) Ultrapassar a dimensão quantitativa e simplificadora, pela contextualização dos dados por

compreensão de significados e representação da realidade escolar pelos participantes.

7) Orientar-se por uma concepção interativa e visão de conjunto.

8) Adotar a ótica de avaliação como aprendizagem e construção de conhecimento.

> Não basta avaliar.
>
> É preciso utilizar os seus resultados na promoção da melhoria dos processos educacionais e da aprendizagem dos alunos.

3) Objetivos da avaliação institucional

Comumente atribui-se à avaliação institucional o objetivo geral de subsidiar a tomada de decisões pelos gestores institucionais, como condição para que norteiem de maneira segura e consistente a organização, planejamento e implementação de ações voltadas à construção de ambiente educacional que tem como foco a qualidade do ensino e aprendizagens formadoras dos seus alunos. O pressuposto é o de que, para se tomar boas decisões e agir com competência sobre os processos de uma organização, é preciso conhecer objetivamente a natureza, significação e alcance de suas práticas, em seu conjunto e na interação de seus componentes.

A partir especificamente dessa perspectiva, a avaliação institucional escolar é realizada de modo a atender um conjunto de objetivos, dentre os quais se destacam, em sentido mais amplo:

- Desenvolver uma cultura de avaliação na escola, marcada por reflexão crítica pelos participantes da comunidade escolar sobre a sua atuação específica e respectiva repercussão no trabalho escolar como um todo.
- Criar bases objetivas de construção e atualização contínua da política educacional da escola, expressa na elaboração e implementação de seu Projeto Político Pedagógico.
- Prestar contas, de maneira clara e transparente, aos pais, à comunidade, à sociedade e a mantenedores, de como a escola atua e como realiza os seus objetivos sociais.
- Estabelecer compromissos com a comunidade escolar para a superação das limitações e alcance de estágios mais avançados de desenvolvimento.
- Contribuir para a formação objetiva da identidade da escola, a partir de suas ações e contribuições.

Objetivos direcionados a aspectos específicos da ação escolar a que a avaliação institucional atende são:

- Mapear e analisar criticamente os resultados do rendimento escolar em associação com os aspectos básicos que o promovem.

- Conhecer em que medida e de que forma são realizadas as suas diretrizes, são promovidos os seus objetivos e vivenciados os seus princípios educacionais.
- Examinar os resultados produzidos pelas ações escolares e quais as áreas, condições e aspectos em que ocorrem limitações ao alcance desejado.
- Identificar o significado real que as práticas adotadas regularmente no ambiente escolar expressam.
- Analisar o efeito dessas práticas sobre a cultura organizacional da escola, seu clima e sobre a aprendizagem e formação dos alunos.
- Analisar a relação do significado dessas práticas com os objetivos, princípios e diretrizes educacionais definidos no Projeto Político Pedagógico da escola e em que medida os mesmos são realizados.
- Alimentar o processo de capacitação contínua em serviço de profissionais da escola, pela identificação de aspectos de desempenho escolar em que ocorre carência de competência.
- Conhecer o nível de satisfação dos participantes do processo educacional com o mesmo e os seus resultados.
- Conhecer os efeitos educacionais, sociais, éticos e econômicos das práticas escolares.

A importância da avaliação se assenta sobre seus objetivos. Sem que estes estejam claros, essa prática, sempre onerosa em tempo e esforços de várias ordens, resulta em desperdício desse tempo e dos esforços despendidos.

3
A avaliação institucional segundo uma visão sistêmica

Verifica-se comumente que as escolas, ao se proporem a realizar avaliação institucional, têm adotado como primeiras iniciativas a elaboração de instrumentos de coleta de dados e, algumas vezes até, a busca de questionários, inventários ou fichas utilizadas por outras escolas. Dessa forma, adotam o enfoque de conhecer algum aspecto do repertório de possibilidades do processo educacional, sem ter em mente os pressupostos desse conhecimento e seus objetivos. Em decorrência dessa prática, tem-se a produção de dados descontextualizados e, o que é pior, sem uma perspectiva clara de sua utilização, de que resulta uma prática avaliativa correspondente a uma mera constatação ou ilustração, sem perspectivas de promover mudanças e desenvolvimento, tal como deveria ser o caráter da avaliação.

Por força dessas limitações que distorcem o sentido da avaliação institucional, é fundamental ter em mente que é inócuo se lançar a coletar dados e informações sem antes ter uma visão de conjunto do processo de avaliação, mediante respostas claras a outras questões importantíssimas, além das referentes ao que é importante conhecer. Isto porque, embora a coleta de dados seja um importante aspecto da avaliação institucional e seja possível fazer adaptações a instrumentos elaborados por outras escolas, essa prática é útil para o exercício pleno de seu papel, mediante um plano que leve em consideração, de forma integrada, um conjunto de fatores. Assim como dados isolados não oferecem condições de conhecer a realidade de forma significativa, práticas operacionais descontextualizadas e sem orientação clara correspondem a mero ativismo.

Dessa forma, é importante considerar, ao se propor a conhecer algum aspecto da realidade, questões como: Por que é importante esse conhecimento? Para que objetivos o mesmo irá contribuir? Como serão mais eficazmente coletados os dados e informações? Quem são os melhores informantes? Quando serão coletados os dados e informações? A quem se destinam os conhecimentos gerados?

Essas questões apontam para o fato de que é importante para a realização de avaliação institucional efetiva ter uma visão global, vale dizer, sistêmica, da avaliação a ser realizada. Isso porque nenhum dado ou informação isolada e descontextualizada e sem visão relacional com o conjunto de elementos que a afeta ou condiciona, tem valor ou pode ser adequadamente interpretado. Mediante uma visão sistêmica do conjunto desses elementos, alcançada pela adoção de uma lógica interativa, relacional e integradora, norteada por princípios conceituais e metodologia os quais dão unidade à perspectiva com que se olha e examina um objeto, é possível ter uma avaliação institucional que de fato contribua para a promoção de avanços na qualidade do ensino.

Daí porque a avaliação institucional da escola dever ser promovida como um programa de caráter sistêmico, que se insira no plano de desenvolvimento da escola e em seu Projeto Político Pedagógico. Dessa forma, é importante, para garantir a efetividade da avaliação institucional, além do planejamento integrado da ação, olhar a realidade de estudo de forma integrada e global. Assim cabe indagar, por exemplo: Que fatores e condições estão relacionados aos dados e informações que se pretende obter? A que conjunto de dados e informações o objeto de avaliação se relaciona? Que elementos interagem com o objeto de avaliação?

Essa visão sistêmica da avaliação institucional, como, aliás, deve ser o processo educacional dada a sua complexidade, constitui-se em um princípio a ser adotado na produção e utilização da avaliação institucional. Portanto, sua efetivação se dá por um planejamento sistêmico que integra diferentes dimensões e aspectos em um todo unitário e consistente, levando em consideração aspectos como:

1) A integração dos elementos que se incorporam no processo da avaliação institucional em um planejamento global, integrado e articulado.

2) A integração entre a avaliação interna da escola com a avaliação externa.

3) A integração entre monitoramento e avaliação.

1) A necessidade de superação da lógica fragmentadora

Por força de uma ótica limitada e fragmentadora, tem-se adotado a perspectiva ligeira de conhecer a realidade a partir de suas partes, que são observadas e analisadas como uma expressão isolada, como se fossem autônomas, com vida própria, independentes do todo de que fazem parte, e como se tivessem um valor em si mesmas. Essa ótica linear e simplificadora que isola elementos, considera-os em si mesmos e os descontextualiza, contribuindo dessa forma para a distorção do sentido da realidade, a criação de percepções artificiais da mesma e até a deformação de seu entendimento. Isso ocorre, por exemplo, quando se descreve o comportamento dos alunos sem levar em consideração o clima organizacional da sala de aula ou da escola; quando se explica o rendimento dos alunos representado pelas notas, dissociadas da metodologia do ensino adotada pelo professor, a frequência e estilo de orientação e relacionamento do professor com os alunos e forma de acompanhamento que adota em relação ao desempenho discente.

Com aquela perspectiva, é comum dar-se ênfase a aspectos secundários do fenômeno observado e suas particularidades, em detrimento de aspectos essenciais. Por exemplo, muito comumente realiza-se, como sendo avaliação institucional, a análise do grau de satisfação de alunos, pais ou profissionais da escola, em relação ao trabalho escolar, sem levar em conta os resultados educacionais, os processos produzidos e seus resultados. Nesse caso, deixa-se de levar em consideração o desempenho escolar e a responsabilidade institucional na promoção da aprendizagem e formação dos alunos.

Esse enfoque, ao mesmo tempo reducionista e disjuntor, promove, pois, em decorrência, o desenvolvimento de uma percepção linear e unidirecional, desvirtuadora e ilusória da realidade, segundo a qual se pensa que esta é como foi representada por tal procedimento, isto é fragmentada, simplificada, estática, tomando a parte pelo todo, em vista do que seu contexto, suas interações e sua dinâmica são desconsideradas. Essa lógica é orientada por uma visão mecanicista da realidade que a estuda mediante uma analogia com as máquinas, em vista do que a desmembra em partes e estuda cada uma delas em separado, desconsiderando o movimento conjunto que produzem e a energia que geram. Desse modo deixa-se de estudar na escola, aspectos fundamentais da sua vida, como, por exemplo, o clima e a cultura organizacional, a natureza das relações interpessoais, os significados expressos nas ações de seus atores etc.

Por força dessa lógica, todos os elementos estudados e compreendidos a partir dela tendem a ser utilizados da mesma forma para orientar ações de intervenção, que passam a ser igualmente fragmentadoras, lineares, formais, simplificadoras, descontextualizadas e, consequentemente, frágeis e fracas na promoção de mudanças, quando não, inócuas. Eis por que se afirma que na escola, tanto mais as coisas mudam, mais permanecem como estão, sem o poder de promover as transformações necessárias nas práticas educacionais.

Limitações da lógica fragmentadora:

- Realça as partes isoladamente, em detrimento do todo de que fazem parte.
- Propicia a compreensão da realidade de forma distorcida e artificial.
- Dissocia resultados das ações que os produzem.
- Estabelece bases estreitas e limitadas para a orientação dos processos de intervenção sobre a realidade.
- Conduz à adoção de lógicas de departamentalização dos processos de intervenção.
- Desconsidera a dinâmica e a complexidade do processo educacional.
- Favorece a burocratização e a tendência à desresponsabilização por mudanças e ações de melhoria.

É, pois, na medida em que são adotadas lógicas limitadas e simplificadoras que os processos de intervenção baseados nesse conhecimento se tornam igualmente limitados e simplificados. Daí porque a necessidade de superar essas lógicas e práticas orientadas por elas.

A concepção sistêmica adotada para a superação dessa lógica desenvolveu-se justamente como resultado da compreensão da complexidade e dinâmica dos processos humanos e sua realidade, de modo a oferecer uma visão e metodologia de estudo e intervenção, mais consistente, ampla e abrangente. Ela supera a tendência de se estudar os elementos em si e passa a enfocar a inter-relação entre eles, de modo a compreender o funcionamento do todo de que fazem parte (CHIAVENATO, 2000). Isso porque todo sistema possui uma organicidade de tal natureza que, havendo alteração em um dos seus componentes, os demais serão também alterados de forma encadeada.

Essa concepção se fundamenta em pressupostos, dentre os quais se destacam:

- O entendimento de que nada existe no vácuo ou em isolamento, estando tudo em relação, formando unidades cada vez mais complexas.
- O reconhecimento de que nada é completamente autônomo e livre, embora a autonomia e liberdade sejam construtos relativos.

- Tudo se conecta através de uma rede de relações que estabelecem a unidade real do sistema.
- O conjunto é muito maior do que a soma das partes (LEWIN, apud MAILHIOT, 1991), uma vez que a interação entre as partes constitui-se em uma energia que ativa a dinâmica do todo, ao mesmo tempo em que estimula a alteração dinâmica de cada uma das partes em caráter de reciprocidade.

Como vantagens da concepção sistêmica, cabe destacar que a mesma:

- Permite conhecer as questões gerais e as particulares como parte de um conjunto unitário, tal como os fatos se apresentam na realidade.
- Explora criticamente elementos de forças contraditórias que fazem parte da realidade, permitindo a intervenção sobre eles de forma objetiva.
- Contribui para a formação de unidade pela articulação de diversidades, ajudando a superar as lógicas de atuação setorizada e compartimentalizada.
- Destaca conexões entre visões polarizadas, como elementos internos e externos, entre quantidade e qualidade, entre estrutura e função, entre técnica e intenções, entre ações e significados, entre ações e resultados, dentre outros.
- Oferece uma visão crítica da realidade, tal como se apresenta, em sua dinâmica interativa.

• Apresenta instrumentos mais consistentes de tomada de decisão e de gestão.

> Um sistema se constitui em um conjunto integrado de partes que se associam mediante processo interativo dinâmico para garantir sua subsistência e desenvolvimento.
>
> Chiavenato, 1999

2) O planejamento sistêmico da avaliação institucional

Ao se falar em planejamento já se tem em mente organizar condições complexas para que, juntas e interligadas, sejam mobilizadas na efetivação de algum objetivo. Nesse sentido, o planejamento, por princípio, já apresentaria perspectivas de uma orientação sistêmica. No entanto, historicamente, observou-se a prática de delinear planos a partir de uma orientação de justaposição de elementos e não de interligação e integração dos mesmos, de que têm resultado planos formais que acabam não sendo implementados e que ficam nas gavetas após terem servido apenas como legitimação de posições assumidas sem a devida mobilização e orientação para a ação (LÜCK, 2011a).

A lógica do planejamento sistêmico contribui para superar essa condição, uma vez que pressupõe a compreensão, de forma interativa e integrada, dos seus vários elementos: a natureza do processo educacional a ser avaliado, por que deve ser avaliado, quem fará a avaliação e em interesse e benefício de quem, como será feita a avaliação e em que circunstâncias, quem fará uso dos resultados da avaliação, como serão utilizados esses resultados, dentre outros aspectos. Essa visão interativa contribui para situar essa avaliação numa perspectiva de atuação responsável e consequente, tendo em mente que não se avalia por avaliar, avalia-se para compreender; não se avalia para descrever, mas para fundamentar uma ação mais competente; não se avalia para simplesmente julgar, mas se avalia para promover avanços, melhoria e desenvolvimento.

O planejamento sistêmico se constitui, portanto, em condição de superação da lógica que fragmenta e isola elementos como valores em si mesmos e adota uma perspectiva integradora, que envolve os elementos da avaliação de forma interativa e integrada em um todo que se altera em conjunto, na medida em que cada uma das partes se altera. O mesmo responde a oito questões básicas dos processos de avaliação que, aliás, correspondem às clássicas questões de orientação da pesquisa e da intervenção em qualquer área de conhecimento.

- O quê? – Ação
- Para quê? – Objetivos e metas
- Por quê? – Pressupostos

- Como? – Método e estratégia
- Quando? – Circunstância de tempo: cronograma
- Onde? – Circunstância de espaço
- Para quem? – Beneficiários
- Com quem? – Agentes

Figura 2 Elementos integradores do processo de avaliação

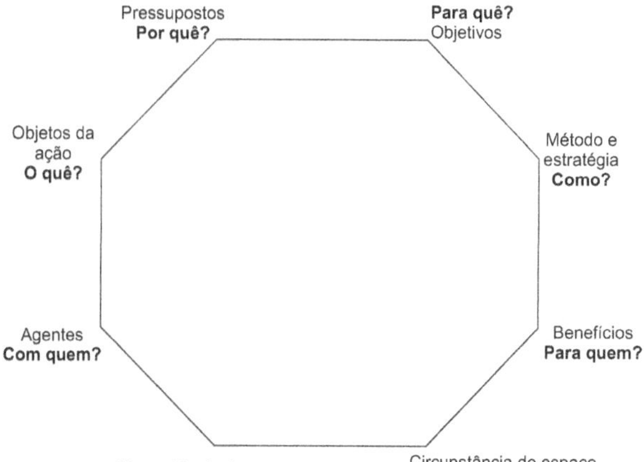

Como cada aspecto da avaliação guarda estreita relação com os demais, a alteração em qualquer um deles envolve necessariamente, para se manter a consistência interna do conjunto, que examine as repercussões dessa alternação nos demais, estabelecendo-se as alterações que essa articulação demanda. Desse modo, a propriedade e vitalidade da prática de avaliação no ensino são diretamente dependentes não apenas da sua íntima relação com a filosofia, objetivos e metodologia do processo educacional, que estabelecem o seu sentido, mas também, de uma consistência interna entre seus vários aspectos: suas funções e objetivos, seu conteúdo, seus métodos e técnicas, circunstâncias de tempo e de espaço, que guardam uma estreita relação entre si.

Observa-se que em geral a resolução de disfunções da prática de avaliação tende a ser analisada do ponto de vista da inadequação de seus procedimentos, considerando-se isoladamente que os métodos, técnicas e instrumentos não foram adequados (como se avalia), ou que a ocasião da avaliação não foi própria (quando se avalia). Essa consideração isolada é inadequada e contribui para a melhoria dessa prática, pois deixa de ver a questão no conjunto dos seus elementos.

Por exemplo, comumente, quando os professores ou especialistas em educação identificam uma insatisfação dos alunos com sua prática de avaliação ou quando eles mesmos percebem uma inadequação na mesma, a primeira tendência que se manifesta é a de conhecer métodos, técnicas e instrumentos de avaliações para melhorar essa prática, em desconsideração, por exemplo, aos pressupostos adotados, à associação entre os objetivos de avaliação e os de ensino, ao envolvimento dos professores e dos alunos na realização da aprendizagem etc.

Especificação dos elementos que integram o programa de avaliação

Dada, portanto, a complexidade da avaliação institucional, de modo a garantir a articulação de todos os seus elementos em um todo coeso e integrado pela concepção sistêmica, compete realizar o seu delineamento em um programa que especifique todos os elementos, cada um em relação aos demais. A seguir, são comentados os significados de cada um deles, apontando-se a sua relação possível com outros elementos.

Por que avaliar?

Essa questão diz respeito a concepções, conceitos e ideias subjacentes aos motivos pelos quais se propõe a fazer avaliação. Conforme explicitado anteriormente, estabelecem as bases orientadoras do posicionamento que se toma diante da realidade, que implica uma percepção subjacente às ações caracterizadas como um pressuposto. Referem-se ao que é considerado verdadeiro, mesmo antes da experiência. Os pressupostos são proposições que estabelecem parâmetros de conhecimentos orientadores do modo de pensar e de agir em uma determinada área. Seu papel é o de revelar e sustentar o significado de ações. É importante reconhecer que há os pressupostos propostos formalmente, mediante atribuição de significados, e há os pressupostos correspondentes a significados pessoais, muitas vezes não explicitados, mas de influência mais contundente sobre o efeito das ações.

Considerando que mesmo que os pressupostos não sejam explicitados, nenhuma ação é realizada por alguém sem que tenha um pressuposto, este sempre estará influenciando de forma subjacente a potência dessas ações e, consequentemente, os seus resultados. Portanto, caso esse significado não seja explicitado, e não seja analisada a sua adequação em relação aos objetivos da avaliação, corre-se o risco de realizar o trabalho apenas formalmente, sem ímpeto de promover qualquer transformação nas práticas educacionais da escola.

A exemplo dessa condição, uma escola propôs como seu objetivo de avaliação institucional "Avaliar a relação entre o desempenho da escola e seus resultados na promoção da aprendizagem dos alunos, para promover a sua melhoria". Perguntados por que estariam propondo essa avaliação, os profissionais responsáveis pela liderança da proposta afirmaram que a avaliação institucional era uma exigência da Secretaria de Educação. Dessa resposta foi possível identificar uma falta de comprometimento com essa prática que era realizada sem convicção e seriedade, com repercussões nos seus resultados. Essa resposta é bem diferente da obtida em outra escola do mesmo sistema de ensino, na qual a resposta foi: "porque avaliar é a condição necessária para conhecermos o que precisamos melhorar".

Por conseguinte, sem a explicitação dos pressupostos, age-se no âmbito da superficialidade e do ativismo e, algumas vezes, ao estilo do "faz de conta". Cabe destacar que é comum ao se perguntar "por que será realizada a avaliação?" obter-se como resposta um "para que", que se refere ao resultado pretendido pela sua realização e não à concepção que orienta essa prática. Logo, explicitar os significados subjacentes às ações não parece ser uma orientação das práticas escolares, apesar da sua importância.

Para que avaliar?

Realizar avaliação pela avaliação, apenas como base para se afirmar que essa prática existe na escola, não tem valor algum e nada representa além de perda de tempo e desvio das responsabilidades principais da equipe escolar. A avaliação é importante na medida em que sirva a um propósito claramente definido e entendido. Anteriormente foram explicitados os objetivos da avaliação institucional da escola, que indicam resultados mais gerais para orientar todas as suas práticas. Além daqueles objetivos amplos e gerais, cabe delinear os objetivos específicos a cada dimensão e aspecto da avaliação e particulares ao programa de avaliação de cada estabelecimento de ensino, de acordo com suas peculiaridades.

Cabe especificar quais os resultados pretendidos com os aspectos avaliados, isto é, que contribuição deseja-se promover com os resultados da avaliação e que contribuições esse conhecimento pode trazer para a melhoria das práticas educacionais. Por exemplo, na avaliação de desempenho de professores é sempre importante:

- Identificar as áreas de competência demonstradas pelos professores para disseminá-las e reforçá-las.
- Identificar competências que necessitam ser desenvolvidas pelos professores.

- *O que avaliar?*

É importante reconhecer que tudo que acontece na escola e faz parte da comunidade escolar tem repercussão direta ou indireta com a aprendizagem e formação dos alunos, incidindo sobre sua efetividade (DIAZ, s.d.). Em decorrência, é fundamental que o gestor escolar esteja atento a todos os aspectos, fatos, fenômenos que se manifestam e são promovidos no contexto escola, de modo a compreender os seus efeitos sobre a qualidade dos processos educacionais e aprendizagem dos alunos.

No entanto, esse alerta não remete a que se incorpore ao programa de avaliação institucional da escola todo e qualquer aspecto observável das práticas escolares. A complexidade e a abrangência do processo educacional fazem com que seja praticamente impossível como até mesmo desnecessária, a incorporação nesse programa, de todas as questões, ações e particularidades, sob pena de o mesmo se tornar detalhista, pesado e, consequentemente, inútil. Vale dizer que, embora abrangente, a avaliação institucional não deve ser exaustiva e, sim, parcimoniosa, pela seleção de aspectos centrais e de maior repercussão sobre a qualidade do ensino.

Sabe-se que nem tudo tem a mesma importância e exerce igual impacto, em vista do que se recomenda que o programa de avaliação institucional privilegie questões mais estruturais e significativas e que comece simples e pequeno, vindo a incorporar, gradualmente, novos elementos, na medida em que a experiência os aponte como significativos e importantes para melhorar a efetividade educacional.

Em decorrência, emerge como básico que se definam prioridades, de acordo com o julgamento de que elementos parecem ter mais condições de impactar a promoção da aprendizagem e formação dos alunos. Também é necessário que se tenha em mente o nível de profundidade com que se pretende analisar a questão. Dentre aquelas questões, podemos destacar como importantes para compor o programa de avaliação institucional:

- O processo ensino aprendizagem em seus vários aspectos.
- O desempenho docente.
- Os processos de gestão escolar.
- A cultura e clima organizacional da escola.
- O nível de expectativa dos profissionais da escola quanto ao efeito e resultado de seu trabalho.
- Os indicadores de desempenho escolar.
- O funcionamento dos mecanismos de gestão democrática (conselho escolar, grêmio, outros).
- A participação dos pais na gestão escolar e no acompanhamento da aprendizagem de seus filhos.
- A manutenção, conservação e limpeza do patrimônio escolar.
- Os serviços de apoio técnico-administrativo.

Ao se definir o que avaliar, define-se a abrangência do programa de avaliação, ou sua extensão, mediante a identificação dos aspectos que serão priorizados na promoção da melhoria da qualidade do ensino. A definição desse foco de atenção corresponde a se indicar pela/para a comunidade escolar aquilo que se dá importância na escola, daí porque o cuidado que se deve ter nessa seleção.

É importante que essa seleção seja realizada segundo uma perspectiva holística, abrangente, envolvendo os aspectos contemplados de forma interativa, considerando as relações de consequência de uns componentes sobre os outros, tal como ocorre naturalmente na dinâmica escolar. Quando cada componente da avaliação é considerado isoladamente, a avaliação é parcial, mantendo essa limitação na utilização de seus resultados.

Como avaliar?

A questão de como avaliar se reporta à definição de métodos, técnicas, procedimentos e instrumentos de avaliação considerados apropriados em decorrência dos pressupostos e objetivos da avaliação, de quem irá envolver-se nesse processo, do que será avaliado etc.

É observado que muito comumente ocorre uma preocupação com essa questão quando se pensa em aprimorar o sistema de avaliação, estabelecendo mudanças em instrumentos de coleta de dados sem, porém, alterar nada mais nos planos de avaliação. Verifica-se, por exemplo, muito frequentemente, quando os professores percebem que seus alunos não estão satisfeitos com sua prática de avaliação e desejam alcançar uma solução para o problema, preocupam-se, em primeiro lugar, em conhecer técnicas e instrumentos de avaliação, em aprender a organizar provas mais adequadas, a elaborar questões de testes, "mais justos", mantendo, no entanto, sem análise os objetivos e pressupostos de avaliação.

No entanto, quando se pensa em melhorar um sistema de avaliação que apresente problemas, a primeira iniciativa deve ser a análise dos pressupostos que estão subjacentes às práticas e à especificação de pressupostos mais consistentes, do ponto de vista pedagógico, e à clarificação do significado dos objetivos de avaliação propostos; em seguida, deve-se definir o que será avaliado, em relação ao foco de atenção para melhoria. A partir desse panorama, os métodos e técnicas de avaliação farão sentido.

Quando avaliar?

A questão de quando avaliar se refere à circunstância do tempo necessário para realizar os objetivos da avaliação, e de acordo com o volume de dados e informações a serem coletados, assim como o momento adequado para sua realização. É importante que sejam especificados quando vai ter início e quando vai terminar a avaliação, qual a sua duração e periodização das suas atividades, assim como o número de horas necessárias para a sua realização e sua distribuição ao longo do tempo. Além disso, é necessário definir também quando serão utilizados e divulgados os seus resultados.

É fundamental que se leve em consideração os momentos mais propícios e adequados para a realização da avaliação, pois dessa consideração depende a sua efetividade. Verifica-se que quanto mais próxima for a avaliação da realização do seu objeto, mais verdadeiras essas avaliações poderão ser, enquanto que quanto mais distantes forem, menos fidedignas serão as informações obtidas e menor interesse e comprometimento haverá pelos envolvidos, com a utilização dos resultados e com as transformações decorrentes destes.

A questão do período em que a avaliação é realizada remete a uma tipologia de avaliação: avaliação diagnosticada, avaliação formativa e avaliação somativa que, segundo a sua perspectiva e amplitude, oferece implicações quanto à circunstância de tempo de sua aplicação, conforme a seguir comentado.

A avaliação diagnóstica se constitui num processo realizado antecipadamente à realização de um programa, com o objetivo de identificar o estado da questão, com vistas à identificação de condições e aspectos que precisam ser mudados por meio de ações organizadas e sistemáticas.

A avaliação formativa se constitui numa estratégia de avaliação que leva em consideração a evolução dos processos e condições educativas, visando à correção de rumos durante a sua execução. Os resultados dessa avaliação são sempre parciais, uma vez que serão complementados por outros similares posteriores, realizados no decorrer do processo educacional, de forma a permitir tanto uma visão evolutiva como a definição de aspectos que precisam ser melhorados durante o transcorrer das ações. Essa avaliação corresponde a um trabalho de monitoramento ou de avaliação contínua e processual, mediante o qual é possível verificar o ritmo e adequação do trabalho e dos resultados parciais obtidos.

A avaliação somativa se constitui em uma avaliação de produtos finais, isto é, de resultados finais. Essa avaliação não permite atuar sobre os processos terminados, e sim identificar o valor e a importância do seu emprego, com vistas à determinação de ações mais efetivas no futuro.

Onde avaliar?

Sobre essa questão, cabe aos planejadores da avaliação considerar onde se localizam os dados e informações pretendidos e quem são os melhores informantes a respeito. Se a avaliação for sobre o processo ensino-aprendizagem é na sala de aula, em vista do que o melhor lugar para obtê-los é nesse espaço e possivelmente mediante observação. Se for sobre o rendimento escolar, o lugar onde estão as informações é a secretaria da escola e quem será informante é a secretária responsável pelo mapeamento e arquivamento das notas de todas as turmas de alunos.

Quando forem utilizados questionários ou inventários para a coleta de dados, deve-se levar em consideração se os informantes podem conversar entre si a respeito dos dados fornecidos, sem risco de contaminação desses dados, ou se, no caso desse risco, é melhor reunir todos os informantes em um dado lugar para aplicar o instrumento numa mesma ocasião.

Para quem avaliar?

Quem serão os beneficiários da avaliação? A quem ela deve servir? Essa definição se refere à questão de para quem avaliar. Deve-se ter claro quem serão as pessoas usuárias dos resultados da avaliação, de modo que os relatórios e apresentação dos dados e informações sejam entendidos e absorvidos por elas e lhe façam sentido.

Considerando que o papel da avaliação institucional é o de promover transformação das práticas escolares e que essa transformação ocorre na medida em que os seus atores estejam comprometidos com o seu processo, torna-se fundamental o envolvimento dos usuários da avaliação no seu planejamento, delineamento e definição de instrumentos de coleta e análise de dados. Vale dizer que deve constituir-se num processo participativo.

Gestores, professores, funcionários técnico-administrativos, pais e alunos fazem parte da comunidade escolar. Tendo em vista os públicos de diferentes níveis de interesse e formação que participam do contexto escolar, é importante levar em consideração as diferentes linguagens necessárias no uso de instrumentos de coleta de dados e também nos relatórios de avaliação.

Com quem avaliar?

Essa questão se refere aos envolvidos, de alguma forma, no processo de avaliação, seja como informantes, seja como agentes da avaliação.

É comum observar-se a prática da avaliação institucional em que uns avaliam sobre os outros, e não uns com os outros, de forma coparticipativa em que avaliadores e avaliados se confundem. Quando a avaliação segue os princípios da autoavaliação, as ações de agentes e de beneficiários se sobrepõem, tendo-se como vantagem a proximidade do conhecimento da realidade e suas práticas, com a utilização dos resultados da avaliação para a sua transformação. Porém, corre-se o risco de a avaliação ser prejudicada pela falta de objetividade, pelo olhar viciado ou pela falta de vontade em enfrentar situações mais críticas e difíceis.

Por outro lado, quando os informantes são uns e aqueles interessados na avaliação são outros, os riscos apontados da subjetividade e do protecionismo podem ser minimizados, porém os perigos da burocratização da avaliação e do distanciamento entre coleta de dados e utilização de resultados aumentam.

Segundo os agentes envolvidos no processo de avaliação, quando a mesma for realizada na escola, por seus atores, ela pode ser classificada como heteroavaliação, autoavaliação e coavaliação. A heteroavaliação ocorre quando alunos avaliam professores ou vice-versa, gestores avaliam professores e funcionários, e assim por diante. Essa avaliação permite conhecer como o próprio desempenho é percebido pelos outros do mesmo contexto de trabalho, sejam usuários, sejam colegas, sem caráter de reciprocidade. Já a autoavaliação seria aquela que os alunos, professores, funcionários, gestores fazem de seu próprio desempenho, de modo que tanto o papel de sujeito como o de objeto da avaliação são exercidos pela mesma pessoa, correspondendo ao monitoramento do próprio trabalho. A coavaliação, por sua vez, corresponde ao processo em que alunos, professores, funcionários e gestores se avaliam reciprocamente. Essa coavaliação pode ser realizada de forma alternada ou concomitantemente, conforme seja o caso mais adequado.

Há o caso da avaliação institucional a ser realizada por elementos externos à escola, seja pelos agentes do sistema de ensino ou mantenedora da escola, seja por organizações por eles contratadas. Essa avaliação oferece como vantagem, via de regra, o fato de esses agentes serem especialistas em avaliação, o que garante maior adequação de proposta metodológica, de instrumentos utilizados e referenciais de análise. Porém, via de regra, esse exercício não chega a contribuir para a transformação da escola e melhoria dos seus serviços, tendo em vista o seu distanciamento da realidade escolar, que gera a desconsideração de seus resultados pelos profissionais da escola. Essa condição sugere a necessidade de os gestores escolares desenvolverem na escola o interesse por conhecer e utilizar avaliações externas à escola, como condição de compreender a sua prática por outras perspectivas.

Construção de um sistema de informações e banco de dados

Um dos maiores problemas das organizações educacionais, desde as escolas até as suas mantenedoras, é a falta de dados e informações ou sua imprecisão e desatualização. É comum, ao se solicitar informações, obter respostas vagas, o que revela o descuido e desatenção a esse importantíssimo instrumento de gestão. A avaliação institucional da escola pressupõe um sistema de dados e informações que integre dados relevantes e atualizados, mediante mecanismos de fácil utilização. Esse sistema oferece como vantagem a disponibilização dos dados e informações quando necessários, a sua disseminação entre os participantes da comunidade escolar e a apresentação de visão de conjunto das ações educacionais da escola.

Como nada na realidade é singular e isolado, fatos, ações e fenômenos, por mais simples que sejam, estão relacionados com outros fatos, ações e fenômenos, daí porque a importância de sua observação de maneira relacional e interativa. Dessa forma supera-se a tendência de analisar dados em separado e considerados em si mesmos e sem visão da dinâmica da realidade. Em vista disso, é importante que o programa de avaliação institucional estabeleça, mediante uma ótica global e interativa, mecanismos de coleta, armazenamento e análise de dados e informações, com perspectiva de visualizar a dinâmica evolutiva das ações educacionais e seus resultados.

A avaliação institucional efetiva constitui-se, pois, em um processo contínuo e apoiado em um sistema que garanta o registro, arquivamento, recuperação, disseminação de dados e informação sobre as ações educacionais e seus resultados, pela integração do conjunto das ações educacionais substantivas na determinação da qualidade do ensino. Esse sistema tem por objetivo integrar dados e informações em torno de um eixo central que é a promoção da aprendizagem dos alunos.

Um sistema de informações e dados oferece várias vantagens:

- Integra dados e informações, evitando a sua dispersão ou perda.
- Evita a duplicidade de dados e informações que, quando ocorre, tende a apresentar resultados diferentes, cuja variação gera dúvidas e descrédito em relação à sua veracidade e utilidade.

- Viabiliza o cotejamento comparativo e a integração de dados e informações, facilitando a análise crítica dos mesmos e a sua compreensão contextualizada.
- Favorece a criação de uma cultura de tomada de decisões baseada em dados e informações.
- Permite a transparência da gestão escolar e disseminação de informações na comunidade escolar.
- Oportuniza aos participantes da comunidade escolar ver sua atuação no conjunto das demais ações e seus resultados.
- Viabiliza a prática dos registros históricos necessários para se obter uma perspectiva evolutiva do processo educacional da escola.

Um sistema de dados e informações é planejado de acordo com a utilidade de dados e informações necessários para iluminar os eixos centrais do processo educacional e questões estruturais, de modo a conhecer com consistência a sua realidade. Não se trata de juntar dados e informações quaisquer ou aleatoriamente, pois estes em geral são inúteis para promover mudanças e transformações substantivas na escola e podem distrair a atenção dos atores escolares contribuindo para que desviem o olhar das questões centrais e importantes.

> Dados e informações são alavancas para a tomada de decisões.
>
> Se forem pobres, incorretos ou insuficientes a alavancagem pretendida promove falsos movimentos.
>
> Boas decisões são sustentadas por bons dados e boas informações.

Reconhecendo a importância do sistema de dados e informações, muitas instituições dedicam tanta atenção a essa dimensão da avaliação institucional e minimizam a avaliação institucional propriamente dita. Portanto, é válido alertar para o fato de que esse sistema corresponde apenas ao estágio inicial da avaliação institucional, conforme se verá mais adiante. Portanto, o banco de dados informativos não deve ser confundido com a avaliação institucional.

Esse banco de dados deve ter componentes quantitativos e qualitativos – não apenas quantitativos. Também deverá se basear em dados qualitativos, de modo que se possa ultrapassar a constatação do que é e de como é distribuído para obter a compreensão da realidade. Dessa forma, a avaliação poderá ter caráter reformador, que não implica mero reconhecido ou denúncia, em premiação ou penalidade, mas sim em dar subsídios para que se atinja objetivos e metas traçadas *a priori* e se alce novos patamares de desenvolvimento.

A construção de um banco de dados e informações na escola se torna uma tarefa facilitada pelas ferramentas da informática, que permitem a sua alimentação no momento em que as informações são geradas, assim como o seu fácil acesso. Informações básicas da escola devem ser continuamente atualizadas de modo que o gestor tenha uma compreensão sempre atual da escola. É comum que diretores escolares, perguntados sobre dados básicos de número de alunos, professores e funcionários, não tenham condições de oferecer informações precisas. Essa falta de informação revela, por certo, um desconhecimento da escola como uma despreocupação com o dimensionamento do próprio trabalho.

3) A lógica da interpretação sistêmica

O processo de avaliação é um trabalho que envolve a coleta criteriosa de dados devidamente planejada, e registro sistemático de dados e informações, que envolve tabulação dos dados quantitativos e categorização dos dados qualitativos, análise e interpretação. O que faz com que um trabalho de avaliação deixe de constituir-se em mero levantamento de dados e passe para a categoria de trabalho científico é o confronto entre os dados, as evidências sobre determinado objeto de estudo e concepção teórica a respeito desse objeto.

Verifica-se muitas vezes que, uma vez coletados os dados e informações, por força de limitações da sua coleta, estes são descritos e apresentados isoladamente, de forma fragmentada e dissociada, apesar dos cuidados para coletá-los de forma a considerar o seu conjunto em interação. É fundamental, no entanto, o cuidado com a realização de interpretação que supere essa limitação, mediante uma perspectiva sistêmica. A interpretação implica explicar relações que dão sentido ao quadro geral dos dados e informações obtidos. Essa interpretação é essencial, uma vez que sem ela não se ultrapassa as percepções óbvias e elementares e não se promove o avanço dos conhecimentos e a compreensão das práticas avaliadas e da realidade em geral.

Tendo em vista que dados e informações não têm valor em si e de forma isolada, a interpretação crítica e reflexiva e interativa se constitui em processo fundamental da avaliação institucional. Para atender a essa necessidade, esse processo de interpretação exige competências especiais de quem o realiza, como, por exemplo, perspicácia, sensibilidade, controle da subjetividade, raciocínio reflexivo e associativo, entre outros, além de compreensão teórica e conceitual.

É importante ter em mente que um mesmo fenômeno pode ser interpretado de várias formas, dependendo do ângulo, ou ponto de vista com que é observado, daí porque é fundamental que o avaliador adote perspectiva teórica abrangente e capaz de contemplar a complexidade e dinâmica dos processos educacionais, de modo a orientar a reflexão sobre os resultados da avaliação. Essa perspectiva é expressa e desenvolvida na fundamentação teórica da avaliação realizada, um componente importante da proposta e da avaliação institucional. A mesma aponta para a compreensão de relações entre os elementos avaliados, de modo a qualificar o significado das relações e associações observadas e suas tendências, como por exemplo, identificando analogias, afinidades, semelhanças; ou, por outro lado, contrastes, discrepâncias, defasagens, antagonismos, disparidades.

Portanto, nessa fase final da avaliação, extrapola-se o âmbito da mera descrição dos resultados empíricos propriamente ditos e se realiza a sua leitura, de forma perspicaz, crítica e de forma relacional com o referencial teórico construído que permite à avaliação transcender o âmbito de um estudo descritivo. Leve-se em conta, no entanto, que essas interpretações serão tão mais potentes, quão mais amplas e sólidas forem as concepções que as nortearem, de que se conclui que na ausência de concepções teóricas para nortear a interpretação, esta é realizada a partir do lugar comum, da opinião tendenciosa, da lógica meramente operativa, da perspectiva limitada da própria lógica das práticas.

Tendo em vista a possível variação de enfoques teóricos, é natural a ocorrência de variações e até mesmo a divergência nas interpretações de fenômenos, donde se conclui ser necessário ter clareza sobre o significado e perspectiva da concepção teórica adotada. É importante ter em mente que essa perspectiva deve ser a mesma adotada para orientar os processos educacionais avaliados, sob pena de estabelecer incongruência entre o processo educacional e sua avaliação. Alerta-se ainda para o fato de que a existência de variedade de grupos culturais num dado momento histórico da escola faz com que nem todos detenham uma concepção clara para orientar o seu trabalho educacional, em vista de que não a terão para orientar a avaliação institucional, o que sugere a possibilidade de interpretações simplistas e lineares dos resultados obtidos.

A interpretação é processo que demanda um olhar atento e bem informado sobre os dados e informações obtidos, de modo a superar a sua mera constatação e a tomar uma posição mais avançada a respeito dos fatos e fenômenos. Ela representa ler nas entrelinhas, explorar significados subjacentes, explorar toda a fecundidade das ideias expostas e forçar a emergência das subliminares, o que se alcança namorando os dados, dialogando com eles, fazendo-os dialogar entre si, em sucessivas associações. Há, nessa tarefa, o risco de inferência da subjetividade do autor a qual é, porém, controlada pela solidez de seu enfoque teórico.

Como no cotejamento de dados e informações surgem comumente ambiguidades e contradições, que se constituem em condição natural da condição dinâmica do trabalho educacional, alerta-se para a necessidade de aceitar essas ambiguidades e contradições e adotá-las como elemento de análise para delas extrair significado, em vez de interpretá-las como disfunção ou como erro metodológico ou impropriedade da coleta dos dados.

Algumas deficiências são registradas na interpretação de dados e informações, cujo conhecimento induz o avaliador a adotar os necessários cuidados para evitá-los. Dentre essas deficiências são observadas práticas caracterizadas por:

1) Estabelecer generalização de dados a partir de poucos casos e de amostra não representativa de possíveis informantes.

2) Ignorar evidências negativas ou que contrariem noções previamente estabelecidas já na fase inicial do estudo.

3) Apresentar conclusões baseadas em análises superficiais, do que resulta muito mais uma sugestão que uma conclusão.

4) Comparar fatos e fenômenos que não são comparáveis, o que ocorre quando se compara coisas que são semelhantes apenas superficialmente ou em alguns aspectos, mas não em todos.

5) Tomar a parte pelo todo, que ocorre comumente diante de perspectivas limitadas e incompletas do objeto de avaliação.

6) Sugerir a existência de causa-efeito em estudos que apenas podem sugerir uma relação.

7) Transformar elementos secundários de segundo plano em elementos de primeiro plano, confundindo a unidade de análise.

A fim de que os dados possam ser interpretados o mais amplamente possível, é necessário que o avaliador conheça, com familiaridade e de forma crítica, a literatura sobre o objeto avaliado. Essa condição, por si, supera a tendência a uma apresentação mecânica de dados, sem muito ou nenhum esforço de interpretação dos mesmos.

Em vista desses desafios, o programa de avaliação institucional deve ser fundamentado em uma concepção teórica sobre o objeto a ser avaliado, de modo a consubstanciar o estudo a ser realizado e a interpretação de seus resultados. As conclusões da avaliação são as interpretações feitas sobre os dados analisados e que vão além deles, apontando o seu significado, de modo a subsidiar a tomada de decisões a respeito de ações futuras que se expressam em recomendações. As recomendações, quando feitas, devem basear-se nas conclusões da avaliação que, por sua vez, são consubstanciadas nos resultados obtidos pela investigação.

> "Quando se adia por um tempo demasiado longo o pensamento a respeito de alguma coisa, pode não ser possível pensar de todo adequadamente a respeito dela."
>
> Churchman

4
A preparação da escola para a realização da avaliação institucional e contribuições para sua realização

Promover a autoavaliação na escola envolve um conjunto de esforços e cuidados que demandam tempo precioso em educação. Aliás, é comum a afirmação de que não se avalia por falta de tempo. No entanto, a prática demonstra que os ganhos desse esforço resultam em resultados altamente benéficos para o desenvolvimento da qualidade do ensino, como se verá a seguir, e que, quando esse trabalho é realizado com todos os cuidados necessários e as intenções corretas do ponto de vista educacional, os resultados compensam, de longe, esse ônus. Para tanto é necessário conhecer também as dificuldades e limitações registradas em relação a essa prática, de modo a superá-las.

1) Depoimentos de ganhos obtidos com a prática de autoavaliação

Diretores de escolas que realizaram avaliação institucional utilizando a metodologia e mecanismo de avaliação do Prêmio Nacional de Referência em Gestão Escolar – ano base 2006 – comprovam os bons resultados dessa prática. Em reunião com diretores de todos os estados envolvidos na realização desse processo, eles apresentaram os depoimentos a seguir listados, para ilustrar as contribuições que perceberam em suas escolas, a partir da adoção da prática de avaliação institucional colegiada e participativa realizada. A reunião foi promovida pelo Consed – Conselho Nacional de Secretários de Educação e realizada em fevereiro de 2007.

Pelos depoimentos a seguir apresentados entre aspas, é possível vislumbrar o conjunto de contribuições que a autovaliação promove. São tecidas considerações em torno do conteúdo desses depoimentos:

- "Elevação da autoestima da comunidade escolar, mais credibilidade, reconhecimento e valorização do trabalho de toda equipe da escola,, pela comunidade, pela sociedade geral, pela secretaria de educação."
- "Demonstração, para a sociedade e as demais escolas, que é possível desenvolver nas escolas públicas trabalho que prima pela qualidade e melhoria contínua e desenvolvimento do espírito de corresponsabilidade."

A escola que não se avalia não consegue ter uma visão objetiva dos seus ganhos e avanços promovidos pelos seus esforços. Os diretores reconhecem que desse conhecimento resulta a possibilidade de divulgação objetiva do trabalho realizado que promove a credibilidade da escola e valorização do trabalho de seus profissionais. Perceberam a importância de dar conhecimento de seu trabalho para a comunidade e os ganhos desse esforço de *accountability*.

- "Maior motivação da equipe para continuar seu trabalho, mais entusiasmo, mais compromisso, mais responsabilidade perante a comunidade."

A realização da avaliação institucional de forma participativa é, por si, uma importante estratégia e motivação para congregar os participantes da comunidade escolar em um processo de conhecimento do trabalho conjunto e agregação de vontades compartilhadas para promover a melhoria contínua. Os diretores indicam que essa motivação não ocorre no vazio e sim no reconhecimento de desafios conjuntos que instigam a busca de soluções.

- "Manutenção, aprimoramento de projetos existentes e implantação de novos projetos."

A grande maioria das escolas promove um número relativamente grande de projetos educacionais que muitas vezes são desativados ou mantidos exclusivamente por opiniões e impressões de pessoas, o que, por si só, revela a sua realização sem bases educacionais claras e objetivamente focadas. A sua avaliação permite, conforme os diretores apontam, identificar quais os projetos promissores na promoção da formação e aprendizagem dos alunos e quais aqueles que necessitam de reforço e melhoria.

- "Desencadeamento da construção de um ambiente socioeducativo transformador do trabalho em equipe, pelas várias etapas de avaliação."
- "Fortalecimento do trabalho em equipe, pela metodologia da avaliação participativa."
- "Troca de experiências entre os profissionais da escola, com conhecimento de outras práticas."

Os diretores escolares perceberam que a avaliação institucional se realiza como um processo contínuo voltado para a transformação da atuação conjunta de seus profissionais, a qual se fortalece e ganha novos patamares de significado socioeducacional. Pela avaliação institucional foi reconhecido que o trabalho em equipe é reforçado, assim como a troca de experiências entre os profissionais da escola, não só como condição de integração entre os mesmos, mas também como condição de desenvolver novas percepções, conhecimentos e perspectivas para a realização de seu trabalho.

- "Estabelecimento de uma nova identidade da escola, mais positiva, empolgante e também de novos padrões de desempenho."

A identidade real da escola é definida por suas ações e seus resultados conhecidos objetivamente. Dessa maneira, mediante a realização de avaliação institucional, os diretores puderam perceber que essa prática tira a escola do lugar comum, das concepções rotuladoras sejam elas negativas, o que é muito comum, sejam elas idealizadoras e descoladas de esforços objetivos para a sua melhoria.

- "Melhoria na visão sistêmica de todas as atividades e dimensões da gestão."

Pode-se ler sobre a concepção sistêmica e compreender o que ela representa, assim como quais são as demandas para promovê-la, mas é apenas realizando a avaliação institucional e empenhando-se no esforço de ver a atuação da escola de forma conjunta que essa visão se torna real. Essa visão foi identificada por diretores escolares que lideraram o processo de avaliação institucional.

- "Compreensão da importância de todas as dimensões de gestão."
- "Maior clareza sobre conceitos, mecanismos e processos de gestão e sobre as condições necessárias para realizar educação com mais qualidade."

É comum que diretores escolares reconheçam como importantes aquelas dimensões da gestão para as quais dedicam mais tempo. Essa limitação ocorre em decorrência de desconhecimento do trabalho de gestão como um todo e das responsabilidades amplas por esse conjunto de dimensões, como também da tendência a se ater sobre as questões operativas de caráter imediato. Os diretores escolares reconheceram que, ao envolver-se no processo de avaliação institucional utilizando um quadro referencial abrangente, passaram a compreender objetivamente no seu trabalho os desafios das diferentes dimensões da gestão escolar e a importância de cada uma delas.

- "Entendimento da gestão para resultados na busca da excelência."
- "Melhoria dos indicadores de resultados da escola (permanência dos alunos, correção da distorção idade-série, aprovação)."

Em geral observa-se que a prática da gestão escolar é orientada por uma lógica de realizar eventos, projetos, promover ações, dissociados dos resultados de mudança que devem promover. A gestão para resultados na busca da excelência constitui-se em um esforço de vinculação entre ações e resultados respectivos. A avaliação institucional tornou os diretores sensíveis a essa questão fundamental para a qualidade da gestão e do trabalho educacional.

- "Reforço das parcerias e dos apoios comunitários à escola."

Mediante a realização de parcerias entre escola e comunidade é possível dar mais vitalidade à escola e ao seu trabalho educacional, dando-lhe um sentido de integração com a realidade, aproveitando o potencial sociocultural que nela existe, construindo na comunidade um sentimento de propriedade da escola, e assim por diante (BEARE; CALDELL & MILLIKAN, 1994). Essa parceria, no entanto, somente se fortalece e se torna possível na medida em que a escola demonstre o seu esforço por melhoria contínua e apresente objetivamente o seu potencial, os seus desafios e os resultados de seu trabalho.

- "Maior participação dos pais nas reuniões e atividades da escola."

A avaliação institucional se constitui em uma estratégia importante para congregar os pais em torno da escola, condição que é identificada por pesquisas educacionais como associada a escolas que produzem melhores resultados educacionais (WARD & CRAIG, 1995). Os diretores escolares souberam explorar essa oportunidade e perceberam, na prática, que os pais passam a se interessar mais pela escola de seus filhos e por acompanhar a sua escolaridade.

- "Construção e reconstrução dos caminhos percorridos pela escola, mediante ação-reflexão-ação."

Os diretores escolares reconheceram que a avaliação institucional se constitui em um processo que envolve a integração entre ação e reflexão, isto é, a prática do pensamento crítico e sistemático de indagação de significados das práticas e seus diferentes momentos, ações e passos assumidos. Ela permite conhecer esses significados para além de sua aparência, da simplificação, de modo a permitir e iluminar novas ações de maior potência de influenciar a promoção de mudanças significativas na escola.

- "Criação de sentimento de orgulho pelo que somos e pelo que fazemos, e elevação da autoestima."
- "Maior estimulação para continuar ousando e aprimorando continuamente o trabalho."

Foi reconhecido pelos diretores que a avaliação institucional da escola constitui-se em um processo de empoderamento dos participantes da comunidade escolar, pois ajuda a cultivar, de forma proativa e objetiva, a celebração do sucesso como condição de reforço das realizações. Uma escola com autoestima elevada corresponde ao ambiente adequado para a promoção da formação e aprendizagem dos alunos.

- "Prática de tomar decisões e planejar a partir de autoconhecimento."
- "Reorganização objetiva do projeto pedagógico da escola."

Tem-se observado a prática de planejamento nas escolas a partir de opiniões, impressões e ideias genéricas, daí porque, como resultado, os planos resultantes não apresentam objetivos de mudança, o cronograma é vago, e são utilizados apenas como formalização e não como orientação específica e direcionada para promover mudanças. A prática de avaliação institucional foi observada pelos diretores como uma condição importante na tomada de decisões objetiva e fundamentada em necessidades reais e elaboração de planos de ação capazes de nortear com maior segurança a promoção de mudanças na escola.

- "Aprendizagem do pulo do gato: registrar, analisar, conhecer, planejar e divulgar a prática."

Os diretores vivenciaram, na realização da avaliação institucional, o processo inteiro de registro de práticas; análise de seus desdobramentos e resultados; desenvolvimento de compreensão de suas práticas; utilização dessa compreensão na formulação de novos planos de ação para promover a superação de limitação e promoção de mudanças; divulgação dos resultados da avaliação para a comunidade escolar. Esse processo foi percebido pelos diretores como sendo uma estratégia muito importante, tendo sido essa prática interpretada como "o pulo do gato" para promover a qualidade do ensino e sua melhoria.

2) Limitações a serem enfrentadas na realização da autoavaliação

Nenhuma prática de avaliação é enfrentada sem passar pela superação de dificuldades, obstáculos e limitações. Estes são das mais variadas ordens que perpassam a cultura de nossas escolas e da própria sociedade. Sem que se leve em conta objetivamente esses aspectos, torna-se impossível que a escola realize a avaliação institucional de modo efetivo e contributivo para a melhoria de sua qualidade. Portanto, cabe identificar, em cada estabelecimento de ensino, que forma de reação a avaliação institucional provoca. A seguir são enumerados e comentados vários dos elementos mais comumente observados e apontados como cerceadores e limitadores da realização da avaliação institucional pela escola.

- Dependência da realização da avaliação institucional como tempo voluntário dos professores.

Verifica-se que realizar avaliação institucional não é comumente considerado por professores e funcionários como inerente ao seu trabalho, sobretudo quando não se consideram ou se veem como professores e funcionários da escola como um todo. Sabe-se ser muito comum que esses profissionais se vejam a serviço exclusivamente de suas funções delimitadas, como por exemplo, ser professor de uma turma ou disciplina, ser bibliotecário, secretário etc., em vista do que excluem de sua responsabilidade dedicar tempo à realização do processo de avaliação institucional da sua escola. Em vista disso, consideram o envolvimento e dedicação de tempo a essa avaliação como sendo trabalho voluntário, dificilmente "doado" à escola: "já tenho muito trabalho na minha área, e por isso não tenho tempo para assumir mais essa responsabilidade", afirmou um professor, ao se justificar por negar participação no processo de avaliação institucional de sua escola.

Uma vez considerada como trabalho voluntário, a participação dos profissionais da escola na realização dessa avaliação perde força e até mesmo pode ser descontinuada. Para a sua efetivação é importante criar na escola uma cultura em que seus profissionais se sintam como profissionais da escola, responsáveis pela qualidade do ensino como um todo e pelos resultados finais do trabalho escolar em conjunto (CORREIA, 2006).

- Falta de distanciamento emocional e de objetividade na realização da avaliação institucional.

Conforme apontado por Santos Guerra, segundo Correia (2006), não é incomum a falta de distanciamento emocional dos avaliadores em relação ao objeto de avaliação, o que lhes acarreta deixar de ver a realidade tal como acontece e sim conforme uma lógica "cor-de-rosa" ou "tenebrosa", conforme uma tendência de ver as coisas que acontecem.

Dessa forma, a avaliação deixa de ser válida, pois tende à rotulação e à generalização vazia de perspectivas de melhoria. Em consequência, ocorrem justificativas e empecilhos à adoção de ações de melhoria, em vista do que cabe aos gestores, ao promoverem a iniciação de ações de avaliação institucional, promover o desenvolvimento de olhar objetivo da realidade, em nome da melhoria da qualidade do ensino, sempre possível e sempre necessária.

- Resistência de professores e funcionários em terem seu desempenho avaliado.

A resistência à avaliação de desempenho pelos profissionais da educação, sobretudo pelos professores, é comumente manifestada. Recentemente, o Ministério de Educação propôs o estabelecimento de um sistema nacional para realizar essa avaliação e voltou atrás de suas intenções, devido à reação coletiva dos órgãos de classe. No âmbito das escolas, a situação não é diferente. Um diretor de escola, ao indicar aos professores de seu estabelecimento de ensino, que gostaria de assistir a suas aulas a fim de observar o desempenho das turmas no processo ensino-aprendizagem, teve como reação uma veemente negativa. Essa reação foi expressa por manifestações tais como: "a sala de aula é espaço do professor", "agora estão querendo vigiar o que a gente faz", "isso é falta de confiança no nosso trabalho".

É possível sugerir que essa reação representa a concepção negativa adotada na escola em relação à avaliação praticada, orientada para "corrigir", pela qual não se busca avaliar para desenvolver, e da qual resulta a elevada percentagem de reprovação registrada nas escolas brasileiras.

Portanto, uma condição de superação dessa limitação consiste em mudar a lógica de avaliação adotada, a fim de que os professores possam envolver-se em práticas de avaliação de desempenho, condição fundamental para o seu desenvolvimento profissional e melhoria de seu desempenho.

- Descrença na utilidade da avaliação.

A descrença na utilidade da avaliação como contribuição para a promoção da melhoria da aprendizagem, dos processos educacionais e do desempenho profissional está associada a dois fatores: de um lado, à lógica com que a mesma é realizada e de outro, à determinação para sua utilização.

A lógica de avaliação subliminarmente presente nas práticas de avaliação escolar revela uma ótica negativa, por vezes burocrática, autoritária, excludente e formalista. Dessa forma é comum a manifestação de reações à avaliação institucional que expressam o entendimento dessa prática como mais uma burocracia a roubar tempo dos profissionais da escola. Por outro lado, ocorre em escolas que realizam a avaliação institucional a prática de avaliar para conhecer, mas não para melhorar a qualidade do trabalho realizado, em vista do que os resultados não são aplicados e não têm efeito algum. Logo, em associação com a mudança de significado da avaliação está a determinação e o compromisso para utilizar os resultados na tomada de decisões e elaboração de planos de ação.

- Falta de competência técnica para realizar avaliação.

Avaliar demanda competências especiais que são desenvolvidas pela leitura de textos não apenas técnicos, sobre fundamentos, métodos e instrumentos de avaliação, mas também sobre os efeitos da avaliação nos contextos de sua aplicação. Deve-se também cuidar para que a própria prática seja realizada como uma escola de aprendizagem e desenvolvimento de competências.

A associação entre teoria e prática é fundamental para o desenvolvimento dessa competência, isso porque a prática de avaliação envolve não apenas a sua dimensão técnica, como também as dimensões humana e política, uma vez que a avaliação interfere em relações de poder, altera zonas de conforto e segurança.

3) A utilização dos resultados de avaliação institucional na elaboração de plano de melhoria

O processo de avaliação institucional da escola, como de resto toda e qualquer avaliação educacional, é valido, na medida em que seja realizado com o foco na melhoria dos trabalhos realizados. Por consequência, todo esforço de avaliar é efetivo caso se transforme em ação organizada e apoiada em compreensão objetiva da realidade escolar sobre a qual e com a qual se trabalha. Essa organização passa pelo planejamento. Há, pois, uma vinculação direta entre planejar, agir e avaliar seguida de *feedback*, que formam um círculo virtuoso, conforme a figura 3, a seguir.

Figura 3 Círculo virtuoso entre avaliação, planejamento, ação e *feedback*

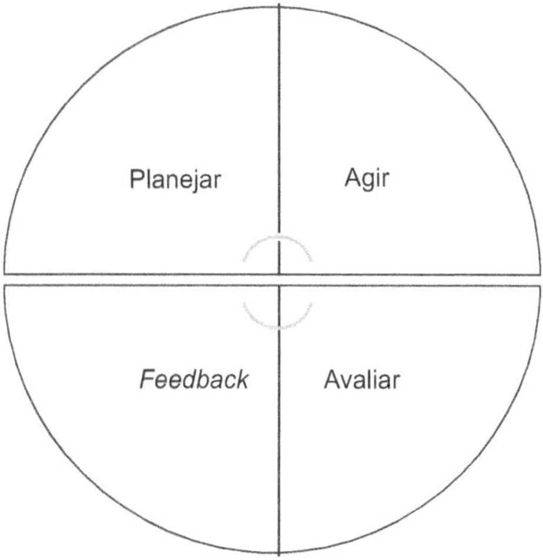

Portanto, os esforços efetivos de avaliação institucional têm em mente essa ligação. Para tanto, cabe questionar, ao se iniciar a programação da avaliação institucional: Por que pretendemos realizar a avaliação? O que pretendemos fazer dos dados e informações obtidos? Como podemos organizar esses dados e informações de modo a permitir análises e interpretações úteis? Como utilizar os dados e informações obtidos na tomada de decisões e planejamento de ações de melhoria?

Logo, a avaliação deve superar, de longe, as práticas de mera descrição e constatação e objetivamente apontar para áreas de atenção a serem focalizadas em planos de melhoria. É o que tem sido reforçado em relação às práticas de autoavaliação pelas escolas participantes do Prêmio Nacional de Referência em Gestão Escolar que identificam, a partir da avaliação realizada sobre suas práticas de gestão, quais as áreas, aspectos e ações que demandam atenção especial.

Referências

AMARO, G. (1997). "Qualidade em educação – A avaliação externa das aprendizagens dos alunos em Portugal". *Inovação*, vol. 10, n. 2 e 3, p. 259-275. Lisboa: Instituto de Inovação Educacional.

BEARE, H.; CALDELL, B.J. & MILLIKAN, R.H. (1994). *Creating an excellent school*. Londres: Routledge.

CHIAVENATO, I. (2000). *Introdução à teoria geral da administração*. 3. ed. Rio de Janeiro: Campus.

______ (1999). *Administração nos novos tempos*. 2. ed. Rio de Janeiro: Campus.

CHURCHMAN, C.W. (1971). *Introdução à Teoria dos Sistemas*. Petrópolis: Vozes.

COELHO, S.M.A. (2002). "A avaliação institucional das escolas públicas no Estado do Ceará". *Revista Gestão em Ação*, vol. 5, n. 1, jan./jun., p. 29-38.

CONSED (2010). *Prêmio Nacional de Referência em Gestão Escolar: ano base 2009* – Manual de orientações. Brasília: Consed.

______ (2009). *Prêmio Nacional de Referência em Gestão Escolar*: experiências de sucesso. Brasília: Consed.

______ (2008). *Prêmio Nacional de Referência em Gestão Escolar*: experiências de sucesso. Brasília: Consed.

______ (2007). *Prêmio Nacional de Referência em Gestão Escolar*: experiências de sucesso. Brasília: Consed.

______ (2006). *Prêmio Nacional de Referência em Gestão Escolar*: experiências de sucesso. Brasília: Consed.

______ (2005). *Prêmio Nacional de Referência em Gestão Escolar*: experiências de sucesso. Brasília: Consed.

CORREIA, S.M.T. (2006). *Dispositivo de autoavaliação de escola: intenção e acção* – Um estudo exploratório nas escolas públicas da região norte de Portugal. [s.l.]: Universidade do Minho [Dissertação de mestrado].

DIAS SOBRINHO, J. (2003). *Avaliação institucional*: teoria e prática. São Paulo: Cortez.

DÍAZ, J.B. (s.d.). *La evaluación del centro educativo* [Disponível em http://cursos.cepcastilleja.org/file.php/1/formacion/articulos/evalucentro.pdf – Acesso em 02/01/11].

GÓIS, E. (1997). "A autoavaliação das políticas da escola". *Inovação*, vol. 10, n. 2 e 3, p. 241-258. Lisboa: Instituto de Inovação Educacional.

KÖNIG, E.H. (2007). "A defesa de uma cultura avaliativa". *Cadernos Cenpeq*, n. 3, p. 81-89. São Paulo.

KRASHEN, S.D. (1986). *Writing*: research theory and applications. Oxford: Pergamon Institute of English.

LÜCK, H. (2011a). *Concepções e processos democráticos de gestão educacional*. 7. ed. Petrópolis: Vozes.

______ (2011b). *Planejamento em orientação educacional*. 22. ed. Petrópolis: Vozes.

MAILHIOT, G.B. (1991). *Dinâmica e gênese dos grupos*. 7. ed. São Paulo: Duas Cidades.

MASCARENHAS, B. (2009). "*Feedback*: importância e metodologia". *NetsaberArtigos* [Disponível em www.netartigos.com – Acesso em 02/01/11].

PREAL & FUNDAÇÃO LEMANN (2010). "Saindo da inércia?" *Boletim da Educação no Brasil, 2009*. São Paulo: Preal/Fundação Lemann.

REVEL, P. (2005). *The professionals*: better teachers better schools. Virginia: Trenham.

WARD, H. & CRAIG, H. (1995). *School count* – World Bank project designs and the quality of primary education in Sub-Saharan Africa. Washington: World Bank.

Lista das figuras

Anexos

1
Provas de avaliação sistêmica em âmbito federal e estadual

SISTEMA FEDERAL DE AVALIAÇÃO

Avaliação	Séries	Início	Objetivo	Periodicidade	Público-alvo
Provinha Brasil	2ª série do Ensino Fundamental (EF).	2008	Avaliação diagnóstica que auxilia professores, coordenadores e gestores a identificar o desempenho de alunos em processo de alfabetização.	Semestral	Alunos no segundo ano de escolarização, de escolas públicas. A aplicação fica a cargo das secretarias de educação.

SISTEMA FEDERAL DE AVALIAÇÃO (cont.)

Avaliação	Séries	Início	Objetivo	Periodicidade	Público-alvo
Saeb (Sistema da Avaliação da Educação Básica)	4ª e 8ª séries do EF e 3ª série do Ensino Médio (EM).	Criado em 1990, mas aplicado regularmente desde 1995.	Avaliar a situação de ensino das redes municipais e estaduais.	A cada dois anos.	Amostra de escolas públicas e privadas.
Prova Brasil	4º e 8º do EF	2005	Avaliar a situação de ensino de todas as redes e escolas públicas do Brasil.	A cada dois anos.	Todos os estudantes das séries avaliadas, de todas as escolas públicas do Brasil com mais de vinte alunos na série.
Enem (Exame Nacional do Ensino Médio).	3ª do EM	1998	Avaliar conhecimento do aluno do Ensino Médio. O resultado no exame é usado no processo seletivo de algumas instituições de Ensino Superior.	Anual	Opcional para egressos e concluintes do Ensino Médio público e privado.

Enade (Exame Nacional de Desempenho)	Ensino Superior	2004	Avaliar as instituições de Ensino Superior.	Anual	Amostra de alunos iniciantes e concluintes dos cursos de graduação, de todas as instituições privadas e públicas federais.
Encceja (Exame Nacional para Certificação de Competências de Jovens e Adultos)	EF e EM	2003	Certificar a conclusão dos ensinos Fundamental e Médio para jovens e adultos.	Anual	Jovens e adultos concluintes dos ensinos Fundamental e Médio, público e privado.

Fonte: PREAL & FUNDAÇÃO LEMANN. *Saindo da inércia?* – Boletim da Educação no Brasil, 2009, p. 27.

SISTEMAS ESTADUAIS DE AVALIAÇÃO

Estado	Avaliação	Periodicidade	Anos em que foi realizada	Abrangência	Séries	Objetivo
Alagoas	Saveal (Sistema de Avaliação Educacional de Alagoas)	Descontinuada por falta de recursos.	2001 e 2005	Amostra em 2001 e censitário a partir de 2005.	4º e 8º do Ensino Fundamental (EF)	Avaliar as políticas educacionais da rede estadual visando a melhoria da qualidade do ensino.
Amazonas	Sadeam (Sistema de Avaliação do Desempenho Educacional do Amazonas)	Anual	2009	Censitário	8º ao 9º do EF e 3º do Ensino Médio (EM)	Avaliar os estudantes da rede estadual e fazer usos dos números e dados estatísticos como orientação e subsídio da gestão.

Bahia	Sabe (Sistema de Avaliação Baiano de Educação)	Sem informação disponível.	2009	Censitário para todas as escolas da rede estadual que oferecem Ensino Médio.	1º do EM	Desenvolver uma cultura de avaliação na rede pública de ensino, com implicações sobre as políticas educacionais.
Ceará	Spaece (Sistema Permanente da Avaliação Educacional Básica)	A cada dois anos.	Desde 1992. A partir de 2007 a alfabetização também foi contemplada.	Censitário e obrigatório para todas as escolas das redes estaduais municipais.	4º e 8º do EF e as três séries do EM. Desde 2007, 2º do EF	Avaliar o desempenho acadêmico e subsidiar avaliação institucional e estudos e pesquisas educacionais.
Distrito Federal	Siade (Sistema de Avaliação do Desempenho das Instituições Educacionais do Sistema de Ensino do Distrito Federal)	Anual	2008	No EM e EF: Censitário. Para os demais níveis: por amostragem. É obrigatório para escolas da rede pública e opcional para as particulares.	2º, 4º, 6º e 8º do EF, 3º do EM, Educação Infantil, Educação Especial e EJA	Avaliar as condições de oferta das escolas públicas e privadas do Distrito Federal, de forma a garantir o pleno desenvolvimento dos alunos.

SISTEMAS ESTADUAIS DE AVALIAÇÃO (cont.)

Estado	Avaliação	Periodicidade	Anos em que foi realizada	Abrangência	Séries	Objetivo
Espírito Santo	Paebes (Programa de Avaliação da Educação Básica do Espírito Santo)	Anual	Desde 2000	Amostral	Em 2009: Alfabetização, 4º e 8º do EF e 2º do EM	Avaliar, de modo permanente e contínuo, o sistema de ensino.
Goiás	Saego (Sistemas de Avaliação da Educação do Estado de Goiás)	Anual	2001 a 2005 (quando foi substituído pela Prova Brasil). No ano de 2003 não foi aplicada.	Inicialmente amostral e censitário a partir de 2004.	4º e 8º do EF e 3º do EM	Avaliar os alunos da rede estadual e produzir indicadores que permitam comparar o seu desempenho e avaliar os docentes.
Mato Grosso	Programa de Avaliação do Primeiro Ciclo de Alfabetização	Semestral	Sem informação disponível	Rede estadual de ensino	Crianças de 6 a 8 anos	Os resultados são repassados às escolas para que busquem melhorias no processo de alfabetização dos alunos.

Mato Grosso do Sul	Saems (Sistema de Avaliação da Educação Básica de Mato Grosso do Sul)	Anual	2003 a 2005	Censitário para todas as escolas públicas e privadas.	4º e 8º do EF e 3º do EM	Avaliar os estudantes da zona rural e de escolas com menos de trinta alunos nas séries.
Minas Gerais	Simave (Sistema Mineiro de Avaliação da Educação)	Anual	2001 e 2003; anual, a partir de 2006.	Censitário e obrigatório para todas as escolas estaduais.	4º e 8º do EF e 3º do EM	Avaliar o desempenho acadêmico dos alunos.
Pernambu-co	Saepe (Sistema de Avaliação Educacional de Pernambuco)	Bianual	2000, 2002, 2005 e 2008	Escolas da rede pública.	2º, 4º e 8º do EF e 3º do EM	Avaliar a situação de ensino nas escolas públicas do Estado.
Rio de Janeiro	Saerj (Sistema de Avaliação da Educação do Estado do Rio de Janeiro)	Anual	Desde 2008.	Censitária.	4º e 8º do EF e 3º do EM.	Avaliar as competências e habilidades nas áreas de Língua Portuguesa e Matemática dos alunos da rede pública.

SISTEMAS ESTADUAIS DE AVALIAÇÃO (cont.)

Estado	**Avaliação**	**Periodicidade**	**Anos em que foi realizada**	**Abrangência**	**Séries**	**Objetivo**
Rio Grande do Sul	Saers (Sistema de Avaliação do Rendimento Escolar do Rio Grande do Sul)	Anual entre 1996 e 1998. Bianual a partir de 2005.	De 1996 até 1998 foram realizadas avaliações anualmente. O Saers foi implementado em 2005.	Censitário e obrigatório para todas as escolas estaduais. Por adesão nas escolas municipais e privadas.	2º e 5º do EF e 1º do EM.	Avaliar a situação do ensino nas escolas, dando ênfase a grupos que exames do MEC não alcançam, e servir de parâmetro para a distribuição de recursos humanos e materiais.
São Paulo	Saresp (Sistema de Avaliação de Rendimento Escolar do Estado de São Paulo)	Anual	Desde 1996.	Por amostragem, de 1996 a 2002. Censitário de 2003 a 2005. Obrigatório para todas as escolas estaduais; por adesão para as redes municipal e privada.	1º, 2º, 4º, 6º e 8º do EF e 3º do EM.	Avaliar situação do ensino nas escolas públicas de São Paulo.

Sergipe	Saped (Sistema de Avaliação Periódica de Professores)	Anual	2004	Professores do ensino básico da rede estadual.	5º ao 8º do EF e 1º ao 3º do EM.	Os resultados servem para verificação do rendimento dos docentes e concessão de bônus e premiações.
Tocantins	Coordenadoria de Avaliação de Desempenho	Semestral, em parceria com o IAS, e a cada dois anos com a FCC.	Sem informação disponível.	Censitário	1º ao 5º do EF.	Subsidiar as diretorias regionais de educação para elaboração de projetos pedagógicos.

Fonte: PREAL & FUNDAÇÃO LEMANN. *Saindo da inércia?* – Boletim da Educação no Brasil, 2009, p. 52-54.

2
O Prêmio Nacional de Referência em Gestão Escolar

Como contribuição para construir uma cultura de autoavaliação nas escolas e promover a realização da gestão escolar fundamentada em conhecimento de suas práticas, o Consed – Conselho Nacional de Secretários da Educação liderou e coordenou a criação e implementação do Prêmio Nacional de Referência em Gestão Escolar que, a partir de sua décima primeira edição em 2010, passou a ser denominado Prêmio Gestão Escolar[4]. O mesmo enfocou até sua 11ª versão, cinco categorias de gestão, expressas cada uma delas por seis indicadores. Esse instrumento referencial de análise da gestão escolar foi delineado mediante a contribuição colegiada e exaustiva de representantes das secretarias estaduais da Educação das

4. Cf. regulamento em www.consed.org.br

27 unidades federadas que se reuniram em seminário especificamente para esse fim.

As cinco dimensões propostas para análise foram:

1) Gestão de resultados educacionais

Abrange processos e práticas de gestão voltadas para assegurar a melhoria dos resultados de desempenho da escola – rendimento, frequência e proficiência dos alunos. Destacam-se como indicadores de gestão de resultados: avaliação e melhoria contínua do projeto pedagógico da escola; análise, divulgação e utilização dos resultados alcançados; identificação dos níveis de satisfação da comunidade escolar, com o trabalho da sua gestão e transparência de resultados;

2) Gestão participativa

Abrange processos e práticas que respondam ao princípio de gestão democrática do ensino público. São destacados como indicadores de qualidade: planejamento e avaliação do projeto pedagógico e dos planos de ação da escola, de forma participativa; a atuação de órgãos colegiados – conselhos escolares, APMs, grêmios estudantis e outros; estabelecimento de articulações e parcerias e utilização de canais de comunicação com a comunidade escolar.

3) Gestão pedagógica

Abrange processos e práticas de gestão pedagógica orientados para assegurar a aprendizagem dos alunos, em consonância com o projeto pedagógico da escola. Destacam-se como indicadores de qualidade: atualização periódica da proposta curricular; monitoramento da aprendizagem dos alunos; inovação pedagógica; políticas de inclusão com equidade; planejamento da prática pedagógica; e organização de espaço e tempo escolares.

4) Gestão de pessoas

Abrange processos e práticas de gestão, visando ao envolvimento e compromisso de professores e demais profissionais, pais e alunos com o projeto pedagógico da escola. São considerados indicadores de qualidade: a integração entre os profissionais da escola e os pais e alunos; o desenvolvimento profissional contínuo; o clima organizacional; a avaliação de desempenho; a observância dos direitos e deveres; valorização e reconhecimento do trabalho escolar;

5) Gestão de serviços e recursos

Abrange processos e práticas de gestão dos serviços de apoio, recursos físicos e financeiros. Destacam-se como indicadores de qualidade: organização dos registros escolares; utilização das instalações e equipamentos; preservação do patrimônio escolar; interação escola/comunidade; captação e aplicação de recursos didáticos e financeiros.

A 12ª versão, de 2011, alterou essas categorias para:

- gestão pedagógica;
- gestão de resultados educacionais;
- gestão participativa e
- gestão de serviços e recursos.

Passageiros da noite

Do trabalho para a EJA

Itinerários pelo direito a uma vida justa

Miguel Arroyo

Outros jovens-adultos chegam do trabalho para a EJA (Educação de Jovens e Adultos) – Mova (Movimento de Alfabetização de Jovens e Adultos). Outros adolescentes-crianças chegam da sobrevivência às escolas, obrigando seus mestres-educadores/as a entender de onde vêm, para onde voltam.

Voltam às escolas, à EJA por direito a uma vida justa-humana. Outros mestres-educadores/as levados a reinventar conhecimentos, novas identidades, artes para entender, acompanhar esses itinerários.

Esses textos-análises recolhem temas de estudo-formação com que os mestres tentam dar respostas a essas interrogações.

Miguel Arroyo é doutor em Educação pela Stanford University e pós-doutor pela Universidade Complutense de Madri. Professor titular emérito da Faculdade de Educação da UFMG. *Doutor honoris causa* da Universidade Federal Fluminense. Foi secretário-adjunto de Educação da Prefeitura de Belo Horizonte. Publicou pela Editora Vozes os livros: *Ofício de mestre: imagens e autoimagens* (2000); *Imagens quebradas: Trajetórias e tempos de alunos e mestres* (2004); *Currículo, território em disputa* (2011); *Outros sujeitos, outras pedagogias* (2012). Organizador de *Da Escola carente à escola possível* (Loyola, 1986); Coorganizador de *Corpo-infância: exercícios tensos de ser criança – Por outras pedagogias dos corpos* (Vozes, 2012) e *Trabalho-infância: exercícios tensos de ser criança – Haverá espaço na agenda pedagógica?* (Vozes, 2015).

Conecte-se conosco:

facebook.com/editoravozes

@editoravozes

@editora_vozes

youtube.com/editoravozes

+55 24 2233-9033

www.vozes.com.br

Conheça nossas lojas:

www.livrariavozes.com.br

Belo Horizonte – Brasília – Campinas – Cuiabá – Curitiba
Fortaleza – Juiz de Fora – Petrópolis – Recife – São Paulo

EDITORA VOZES LTDA.
Rua Frei Luís, 100 – Centro – Cep 25689-900 – Petrópolis, RJ
Tel.: (24) 2233-9000 – E-mail: vendas@vozes.com.br